PRYDLONDEB A FFYDDLONDEB
HANES CWMNI THEATR MALDWYN 1981-2021

Penri Roberts

PRYDLONDEB A FFYDDLONDEB

HANES CWMNI THEATR MALDWYN 1981-2021

PENRI ROBERTS

Lluniau

Y Mab Darogan – Patrick Smith a Gareth Owen

Y Cylch – Neil Badger

Y Llew a'r Ddraig – Neil Badger

Pum Diwrnod o Ryddid – Neil Badger

Cadw'r Fflam – Keith Morris

Myfi Yw – Hefin Owen

Heledd – Tegwyn Roberts *(hawlfraint Tegwyn Jones)*

Ann! - Wyn Jones *(hawlfraint Lluniau Llwyfan)*

Gwydion – Wyn Jones *(hawlfraint Lluniau Llwyfan)*

Diolchiadau

Llyfrgell Genedlaethol Cymru

Siân Davies (Siân Pentyrch)

Jason (Siop PC-Q Llanidloes)

Margaret Lewis

Ann Williams

Dymuna Penri Roberts gydnabod a diolch i Gymrodoriaeth Eisteddfod Powys am ddyfarnu Gwobr Llanbrynmair 2021 iddo ar gyfer ysgrifennu y gyfrol hon.

Diolch i Wobr Llanbrynmair 2021 hefyd am noddi dyluniad y gyfrol.

Diolch i Dafydd Glyn Jones am ganiatâd i ddefnyddio'i adolygiad.

Argraffiad cyntaf: 2021

© testun: Penri Roberts

© cyhoeddiad: Gwasg Carreg Gwalch

Dylunio: Eleri Owen

Rhif Llyfr Safonol Rhyngwladol:
978-1-84527-816-8

Cyhoeddwyd gan
Gwasg Carreg Gwalch,
12 Iard yr Orsaf, Llanrwst,
Dyffryn Conwy, Cymru LL26 0EH.
Ffôn: 01492 642031
e-bost: llyfrau@carreg-gwalch.cymru
lle ar y we: www.carreg-gwalch.cymru

CYNGOR LLYFRAU CYMRU

Cyhoeddwyd gyda chymorth
Cyngor Llyfrau Cymru

CYNNWYS

Ar ran Derec a Linda
hoffwn gyflwyno'r llyfr hwn i:

Sue, Ann a Geraint
gan ddiolch iddynt am
eu cefnogaeth a'u hamynedd
gydol y blynyddoedd.

CYFLWYNIAD

Fedrwch chi ddychmygu'r sgwrs? Penri a Derec yn trafod sefydlu cwmni theatr ar gyfer pobl ifanc yn un o ardaloedd mwyaf gwledig Cymru, ardal lle mae'r boblogaeth yn wasgaredig a dweud y lleiaf ond ardal lle mae talent mor gyfoethog a ffrwythlon â'r tir sy'n cael ei amaethu ynddi. A fyddai yna ddiddordeb? A fyddai ymarferoldeb teithio a chludiant yn anodd? A fyddai awydd yn ddigon i'w cynnal?

'Dan ni'n sôn hefyd am ardal sydd ddim yn cael hanner digon o sylw fel sawl ardal arall sy'n agos i'r ffin, ond os oes 'na rywbeth sydd wedi rhoi Maldwyn a'r cyffiniau ar y map, wel ei chwmni theatr yw hwnnw. A do, diolch byth fe ddaeth y syniad a'r awydd yn realiti.

Gyda doniau awdurol Penri a Derec ac ymennydd rhyfeddol o gerddorol Linda Gittins yn dod at ei gilydd, roedd mwy na photensial yna o'r cychwyn, ond rhowch leisiau gwych, dycnwch cynhenid, brwdfrydedd ac ewyllys yn y pair hefyd ac mae gennych chi aur.

Mae addfwynder ac anwyldeb y gymuned hon hefyd yn ychwanegu at y "peth" yna, y cynhwysyn na ellir mo'i ddisgrifio na'i ddysgu, y teimlad iasol yna sy'n cyffroi cynulleidfa, y didwylledd na ellir mo'i ffugio.

Ac wedi deugain mlynedd, mae cyfraniad y cwmni hynod hwn yn anferth. Mae wedi rhoi llwyfan i rai o'n lleisiau a'n hactorion gorau ni, mae wedi diddanu degawdau o gynulleidfaoedd awchus a thrwy gân a geiriau wedi'n haddysgu am rai o ddigwyddiadau a phersonoliaethau mwyaf arwyddocaol ein hanes.

Rhuddin, talent, didwylledd, ymrwymiad a ffyddlondeb. Diolch i Gwmni Theatr Maldwyn a'u harweinwyr am lynu at y rhinweddau hyn ac am danio a gwefreiddio'r deugain mlynedd diwethaf.

Caryl Parry Jones

RHAGAIR

Yn ddi-os, Cwmni Theatr Maldwyn yw'r cwmni sioe gerdd enwocaf yng Nghymru a gwn y byddai miloedd o bobl yn barod iawn i gytuno â mi.

Cafodd y cwmni ei ffurfio yn 1981 i berfformio *Y Mab Darogan* yn Eisteddfod Genedlaethol Machynlleth, a bron i ddeugain mlynedd yn ddiweddarach, mae yr un egni, brwdfrydedd a phwyslais ar safon yn dal i fodoli yng nghynyrchiadau'r cwmni. Bellach mae cannoedd o bobl ifanc canolbarth Cymru wedi cael cyfle i fod yn rhan o'r perfformiadau ac wedi ymelwa yn fawr o hynny.

Ar wahân i *Y Mab Darogan* mae'r cwmni wedi perfformio sioeau *Heledd, Ann!* a *Gwydion* yn yr Eisteddfod Genedlaethol ac yr oedd yn fraint i mi gael bod yn rhan o'r trefniadau. Gwaith hawdd oedd trafod gyda Derec a Penri, ac roedd y ffaith y byddai pob sedd yn y pafiliwn yn gwerthu yn cynnig cysur mawr i staff y brifwyl.

Cysur mawr arall oedd gwybod mor broffesiynol a thrylwyr oedd trefniadau'r cwmni, yn arbennig gan fod amser ymarfer yn y pafiliwn wythnos cyn yr Eisteddfod mor brin.

Mae'r Eisteddfod ac yn wir Cymru gyfan yn ddyledus i Derec, Penri ac wrth gwrs i Linda Gittins, am gyfoethogi ein diwylliant ac am roddi cyfle i gymaint o ieuenctid ein gwlad gael bod yn rhan o brosiectau cymunedol mor werthfawr.

Elfed Roberts
Cyn Brif Weithredwr yr Eisteddfod Genedlaethol

PROLOG

Ryw wythnos cyn i Derec farw, roeddwn yn eistedd yn ei gegin yn Yr Hen Felin yn Llanuwchllyn, yn trafod y sioe Gwydion. Roedd y ddau ohonon ni wedi bod yn ymchwilio ac ysgrifennu libreto'r sioe ers tua dwy flynedd erbyn hyn ac am y rhan fwyaf o'r cyfnod hwn, buom yn cyfarfod yn wythnosol yn Y Plas, Machynlleth, gan fod y lleoliad hwnnw tua hanner ffordd rhwng ein cartrefi ni. Ond ers rhai wythnosau bellach, nid oedd Derec yn ddigon iach i deithio i Fachynlleth ac fe ddechreuais i deithio i Lanuwchllyn i'w gyfarfod. Wna i byth anghofio'r bore hwnnw am y rhesymau a nodir isod, ond yn gyntaf oherwydd mai'r cyfarfod hwnnw fu'r un olaf i ni'n dau. Rywbryd yn ystod y bore, dros baned o goffi, fe ofynnodd i mi, "Pen, wyt ti'n gwybod hanes y wenynen fawr, neu'r bumble bee?" "Wel," atebais, "dwi'n gwybod beth ydy o o ran ffurf a siâp." "Ie," meddai Derec eto, "ond oeddet ti'n gwybod fod yr holl arbenigwyr gwyddonol wedi astudio'r creadur bach yma ac wrth ystyried ei gorff mawr a'i adenydd bychain, wedi dod i'r casgliad na ddylai'r wenynen fawr byth fedru hedfan." Ar ôl rhyw seibiant bach aeth yn ei flaen, "Ond y peth ydy – does neb wedi dweud wrth y wenynen fawr!"

Yn debyg iawn i'r wenynen fawr – pa hawl oedd gan Derec, Linda a minnau i freuddwydio am hedfan, wrth greu nid un sioe gerdd, ond dwsin o sioeau dros y blynyddoedd. Roedd gan Linda radd mewn cerddoriaeth, roeddwn i wedi astudio drama yn y coleg, ac athro Mathemateg oedd Derec, ond doedd hynny ddim yn golygu y gallen ni feddwl ein bod yn awduron sioeau cerdd. Ond eto, fel y wenynen fawr – doedd neb wedi dweud wrthon ni na fedren ni hedfan. Ar ôl i ni orffen trafod y ddihareb fach hon a myfyrio uwch ei phen, dyma fo'n dweud wrtha i: "Pen, den ni ar fai ti'n gwybod. Wrth roi cymaint o'n hamser i'r blydi sioeau 'ma, den ni wedi mwydro pennau'n plant ni." Roedd fy mhlant i, Trystan, Iestyn a Dylan, a phlant Derec, Branwen, Meilyr ac Osian, wedi bod mewn ymarferiadau lu a pherfformiadau di-ri dros y blynyddoedd, ac mae'n siwr fod Derec yn iawn, gan eu bod i gyd wedi gwirioni gyda cherddoriaeth. Meddai Derec eto, "Tasan ni ddim wedi llenwi'u pennau nhw efo'r holl sioeau 'ma, ella y basen nhw wedi mynd am swyddi call, fel meddygon, athrawon neu gyfreithwyr ne rwbath tebyg. Na, den ni ar fai ysti." Ar ôl gwrando ar hyn, achos roedd hi'n fore o rantio braidd erbyn hyn, mi ofynnais iddo: "Reit, be faset ti'n newid te?" A bu tawelwch am ysbaid – "Dim," fu'r ateb.

Yna, fe ganodd y ffôn ddwy waith o fewn munudau i'w gilydd. Rhaid cofio mai dim ond rhan Derec o'r sgwrs o'n i'n clywed. Daeth yr alwad gyntaf oddi wrth wraig a oedd wedi paratoi bwyd ar gyfer criw o bobl ifanc a oedd yn mynd i berfformio sioe gan blant Derec yn Eisteddfod yr Urdd yn Theatr Ardudwy ymhen rhyw wythnos. Be glywais i oedd: "Be, mae'r bwyd yn barod ar gyfer heno? Wythnos i heno o'n i isio'r bwyd, dim heno!" Ro'n i'n trio ei dawelu trwy chwifio fy nwylo i fyny ac i lawr ac o'r diwedd fe ddywedodd wrth y wraig am roi y bwyd i ryw achos da, gan nad oedd cast y sioe yn cyfarfod y diwrnod hwnnw. Munudau yn unig, ac fe ganodd y ffôn eto. Technegydd Theatr Ardudwy oedd yn galw, ac fe aeth pethau o ddrwg i waeth, gan mai rhywbeth yn debyg i hyn yr aeth y sgwrs o ochr Derec: "Dim bylbs?! Be ti'n feddwl dim bylbs? Ti angen 6 o fylbs a does na ddim yn y theatr? Pwy fath o !!**!!** theatr sydd ddim yn cadw bylbs sbâr? Reit, ordra'r bylbs ac mi ddo i yna i'w gosod." Trwy'r cyfan ro'n i'n trio fy ngorau i'w dawelu, i drio'i gael o gŵlio lawr, ond roedd o ar gefn ei geffyl go iawn. Ymhen rhai dyddiau ar ôl y sgwrs ar y ffôn, roedd Derec yn dringo'r ysgol uwchben llwyfan Theatr Ardudwy yn gosod bylbs ynghanol y llwch a'r baw. O fewn dyddiau o wneud hyn, bu farw yn Ysbyty Maelor, Wrecsam. Fedrech chi ddim ei newid o – a faswn i ddim isio'i

newid am y byd, gan mai creadur angerddol ydoedd, ond roedd o'n sianelu ei natur tanllyd bob amser er mwyn sicrhau yr amodau a'r safonau gorau i'r rhai o dan ei ofal, boed hynny fel athro ysgol neu wrth gyfarwyddo sioeau.

Oherwydd ei salwch, ro'n i wedi cytuno i feirniadu cystadlaethau'r Caneuon Actol yn Eisteddfod Genedlaethol yr Urdd yn y Bala, yn ei le. Brynhawn dydd Llun 26 Mai, 2014, roeddwn ar y ffordd i'r Bala yn y car pan ganodd fy ffôn symudol. Gan Sue fy ngwraig yr oedd yr alwad yn dweud fod Derec yn ôl yn Ysbyty Maelor a'i fod yn eitha gwael. Anfonais neges destun ato yn gofyn sut oedd o. Ymhen dim daeth ateb. "Yn yr Ysbyty eto – gei di'r hanes nes ymlaen." Ond ddaeth 'na ddim neges arall.

Der, fy hen ffrind, na fu gair croes rhyngom erioed.

~ 0 ~

Ychydig wythnosau cyn Nadolig 2020, yng nghanol ail gyfnod y clo mawr, roeddwn i'n chwilio am luniau ar gyfer y llyfr hwn yn ein caban sy'n dal gwisgoedd, props a set y Cwmni. Mae'r caban hwn erbyn hyn ar fferm Wini a Non yn Llanwrin, ger Machynlleth, ac ar y bore hwn ro'n i yn y caban yn mynd trwy hen focsus tra roedd Non yn sefyll tu allan i'r drws, gan ddilyn y rheolau pellter rhyngom!

Yn sydyn, mi laniodd 'na Robin Goch ar ben y drws, gan edrych yn syth i'm llygaid. Bu yno am ennyd, cyn hedfan i sefyll ar y giât gerllaw. Aeth yn ôl ac ymlaen o'r giât i'r drws gydol yr amser y bûm i yno, gan edrych yn ymchwilgar arnaf. Dychmygais lais yn gofyn:

"Be ti'n neud Robaits?"

Robin Goch ar ben y giât,
adenydd rhith amdanat.

~ o ~

Yn 2021, bydd Cwmni Theatr Maldwyn yn dathlu 40 mlynedd ers ei sefydlu yn 1981. Wrth feddwl a chynllunio sut y bydden ni'n dathlu'r garreg filltir hon, roedd Linda a minnau wedi bod yn trafod y posibilrwydd o greu cynhyrchiad newydd o'r Mab Darogan, sef ein sioe gyntaf un, ar gyfer taith o amgylch theatrau yn ystod misoedd Hydref a Thachwedd 2021. Gyda dyfodiad y pandemig Cofid 19, fe'n gorfodwyd ni i newid ein cynlluniau, ond gobeithiwn fedru cynnal dathliad arbennig y Cwmni pan fydd amgylchiadau yn caniatáu.

Yn ystod y cyfnod clo ym misoedd olaf 2020, fe benderfynais geisio cofnodi hanes Cwmni Theatr Maldwyn o'i ddechreuad yn 1981 hyd heddiw. Rhoddodd y cyfnod hwn o segurdod gyfle i mi nid yn unig i fyfyrio dros holl gyfnod ein bodolaeth, ond hefyd i fyfyrio am berthynas Derec, Linda a minnau. Bu'r tri ohonom o'r dechrau ar yr un donfedd o ran ein gwerthoedd a'n dulliau o greu sioeau cerdd. Wrth i ni drafod syniadau, creu geiriau a cherddoriaeth roedd yna rywbeth cyfriniol am y ffordd yr oedden ni'n medru gweithio efo'n gilydd. Mae'n anodd rhoi bys ar rywbeth fel hyn a dod o hyd i'r ateb – pam fod tri o bobl hollol wahanol o ran anian yn medru cydweithio am gyfnod mor hir, heb ffraeo un waith yn ystod yr holl flynyddoedd? Un ateb sicr ydy na fu unrhyw ego personol yn rhan o'n perthynas ni, a'r unig hanfod a fodolai gydol y blynyddoedd rhyngom, oedd sicrhau ein bod bob amser yn onest efo'n gilydd. Roedd medru gwrthod gwaith ein gilydd (ac roedd hynny'n digwydd yn rheolaidd) yn golygu bod ganddon ni ymddiriedaeth lwyr yn ein perthynas a'n penderfyniad i greu rhywbeth y byddai'r tri ohonom yn falch ohono.

Fe hoffwn gymryd y cyfle hwn i ddiolch yn gyntaf i'n teuluoedd ni, ac yn arbennig i fy ngwraig i, Sue, Ann gwraig Derec, a Geraint, gŵr Linda. Yn sicr, dros yr holl flynyddoedd, bu ein cymheiriaid yn gefn i ni'n tri. Roedd y cyfnodau pan oedden ni'n creu ac yn teithio gyda'n sioeau yn gyfnodau digon anodd iddynt dwi'n hollol sicr. Hoffwn ddiolch i bawb a fu'n aelodau o'r Cwmni mewn gwahanol sioeau dros y blynyddoedd am eu hymroddiad a'u teyrngarwch, ac i bawb a fu'n gweithio ar ochr dechnegol y cynyrchiadau. Diolch i bawb sydd wedi cyfrannu atgofion i'r llyfr hwn, ac yn olaf, diolch i bawb a fu'n gweld ein sioeau mewn gwahanol Eisteddfodau Cenedlaethol ac mewn theatrau ym mhob rhan o Gymru.

Gwerthfawrogaf gefnogaeth ac anogaeth Myrddin ap Dafydd a Gwasg Carreg Gwalch wrth iddynt ddod â'r llyfr hwn i olau dydd.

Penri Roberts

PENNOD UN

YN Y DECHREUAD ... Y GASGEN

Dias, Eirlys Parry, Dewi ap Robert a'r awdur yng Ngholeg y Drindod

Tua dechrau'r saithdegau (1972/73) roeddwn i'n athro yn Ysgol Gynradd Llanidloes ac fe benodwyd Derec Williams yn athro Mathemateg yn Ysgol Uwchradd Llanidloes, lle roedd Linda Mills (Gittins yn nes ymlaen) yn ddisgybl. Tua'r adeg hynny hefyd 'nes i gyfarfod Sue a ddaeth ymhen rhyw dair blynedd yn wraig i mi – ond stori arall ydy honno!

Yn ystod fy nyddiau yng Ngholeg y Drindod Caerfyrddin (1967 – 70) fe ddechreuais ddysgu chwarae'r gitâr gyda rhai o fy ffrindiau yno. Un o'r ffrindiau hynny oedd David James Williams, neu Dias, fel yr oedd pawb yn ei alw. Roedd Dias yn gitarydd da iawn ac yn hoff o chwarae caneuon y Beatles. Ef yn wir a ddaeth gyda mi i farchnad Caerfyrddin i brynu gitâr rhad ac ef a dreuliodd oriau gyda mi wrth imi ddysgu cordiau elfennol. Nid yn unig yr oedd Dias yn gitarydd da iawn, roedd yn llawer mwy enwog fel pêl-droediwr. Chwaraeodd i dîm pêl-droed Aberystwyth am flynyddoedd, a hyd y gwn i, mae ei record o goliau yng Nghynghrair y Canolbarth yn dal i sefyll. Roeddwn i hefyd yn cyd-chwarae'r gitâr gyda Dewi ap Robert a Hywel Evans a oedd yn gitarydd clasurol gwych. Gyda'r unawdydd Eirlys Parry, fe ffurfiodd Dias, Dewi a minnau grŵp pop dan yr enw "Madarch" yn y Coleg.

Wn i ddim yn siwr lle y dysgodd Derec chwarae'r gitâr, ond gan ei fod o'n gerddor mor amryddawn, synnwn i ddim nad oedd wedi dysgu ei hun i chwarae. Yn nyddiau ei ieuenctid, cyn mynd i'r Coleg yn Abertawe, bu'n chwarae i sawl grŵp ar Ynys Môn, gan gyfeilio hefyd fel gitarydd i Tony ac Aloma.

Wrth ddychwelyd adref yn ystod un o'r gwyliau, fe wnes i ddarganfod fod un o fechgyn eraill pentref Llanrhaeadr ym Mochnant, Ieuan Mathews, hefyd wedi dechrau ymhel â'r gitâr ac yn fuan wedi hynny deallais fod Elwyn Hughes, Fferm y Parc, Penybontfawr, yntau â'r un diddordeb. Fe ddechreuon ni gyfarfod i geisio chwarae a chanu rhai alawon syml a daeth un arall o fechgyn y pentref, Roy Howell, atom i chwarae'r bwrdd golchi (*washboard*) gyda brwshys drymio, gan greu a chynnal rhythm y chwarae. Cofiaf fod ganddon ni ddau ganwr hefyd, Alwyn Williams a Glyn Price, ac fe fuon ni'n ddigon hy i fentro cystadlu yn Eisteddfod Llanrhaeadr ym Mochnant. Rhyw gyfarfod yn ystod y cyfnodau o wyliau o'r Coleg yr oeddem a hynny'n ddigon afreolaidd, hyd nes i mi orffen fy nghyfnod colegol yn 1970. Wn i ddim o ble y daeth yr enw a fabwysiadwyd gan y grŵp – Y Gasgen – ond o ystyried ein bod ni'n mynd i'r dafarn ar ôl pob ymarfer, does dim angen llawer o ddychymyg i weld o le y daeth. Fe fuon ni'n

ymarfer a pherfformio mewn cyngherddau a nosweithiau llawen am rai blynyddoedd, ond tua 1973, fe ymunodd Derec efo'r grŵp ac o hynny ymlaen fe ddatblygodd pethau, gan ei fod o'n gerddor da oedd yn gallu chwarae sawl offeryn. Erbyn hyn, aelodau'r grŵp oedd Ieuan, Roy, Elwyn, Derec a minnau, gydag Elwyn yn meistroli'r mandolin, Derec ar y gitâr fas, Roy ar set o ddrymiau, Ieuan yn canu a minnau ar gitâr acwstig deuddeg tant. Fe ddechreuon ni greu rhyw fath o arddull gwerinol/drydanol ac fe fuon ni'n teithio i wahanol gigs ledled y wlad.

Yn ystod y cyfnod hwn roeddwn i'n rhannu fflat yn Neuadd Glanhafren, ger y Drenewydd, gyda Alwyn Jones (Al Sur/Alwyn Siôn) ac roedd Derec yn rhannu fflat arall gyda Gareth Rowlands ac yna Llew Gwent. Tua dechrau'r saithdegau, mae Al yn cofio i ni'n dau gyfarfod Derec yn y Bala mewn siop sglodion, er mwyn rhoi cyfweliad iddo, i gael gweld a oedd o'n gymwys i gael fflat yn

Neuadd Glanhafren! Fe basiodd o'r cyfweliad ffug hwnnw. Wrth edrych yn ôl, dyma gyfnod o goleg anffurfiol ychwanegol, gan ein bod ni'n difyrru ein hunain gyda'r nos yn creu pob math o bethau gwirion, yn chwarae darts ar fwrdd uwchben tanc o bysgod, yn creu sgetsys a'u recordio ar gasét, yn chwarae gitâr, drymiau, yn creu englynion di-gynghanedd ac yn mwynhau pob math o ddrygioni. Roedd dwy ferch ifanc, Eiry a Glenys, yn byw mewn fflat yn y Neuadd hefyd, a druan ohonyn nhw, roedden ni'n eu poenydio'n aml. Un tro, pan aeth y ddwy allan i ryw gyfarfod gyda'r nos, fe aethon ni ati i gymryd pob dodrefnyn allan o'u fflat a'u cuddio nhw yn y garej ar fuarth y Neuadd. Dyna lle yr oedden ni wedyn yn yfed caniau o gwrw, gan ddisgwyl i'r ddwy ddychwelyd. O'r diwedd dyma ni'n clywed y ddwy yn agor drws eu fflat ac yn sgrechian digon i ddeffro'r meirw – ninnau'n mynd i lawr y grisiau ac yn dechrau chwerthin yn afreolaidd. Diwedd y gân oedd bod rhaid i ni gario popeth yn ôl o'r garej a'u hailosod yn fflat y ddwy.

Yno yn sicr y datblygodd cyfeillgarwch Al, Derec a minnau, cyfeillgarwch oes yng nghyswllt Derec, hyd ei farwolaeth annhymig yn 2014, a chyfeillgarwch sy'n parhau hyd heddiw rhwng Al a minnau. Roedd rhannu fflat efo Al yn dipyn o firi. Roedd gan y ddau ohonon ni arferion drwg a doedd yna ddim llawer o siâp ar lanhau y gwahanol ystafelloedd. Os edrychai unrhyw un o dan wely Al neu fy ngwely i, fe fyddent yn gweld tomen o lwch, a hwnnw'n hen lwch. Un peth a fyddai yn fy ngwylltio efo Al. Os byddwn i ar fy ngwyliau adref yn Llanrhaeadr ac yntau yn dal wrth ei waith yn y Trallwng, yn hytrach na pharatoi bwyd iddo'i hun gyda'r nos fe fyddai yn rhoi dau wy yn y tegell a'u berwi nhw felly – a chael paned o de yr un pryd. Wrth i mi ddychwelyd i'r fflat ro'n i'n ogleuo blas wy ar bob paned o de am ddyddiau – ych a fi. Un gwael oedd o am godi yn y bore hefyd a chan ei fod o'n gorfod cyrraedd y gwaith yn gynt na mi, y fi oedd yn ei godi o'r gwely. Pan o'n i ddim yno, yr hen Mrs Ifans, perchennog y plasty, fyddai'n sefyll o dan ei ffenest llofft yn gweiddi, "Alwyn! Codwch neu mi fyddwch chi'n hwyr i'r gwaith." Ar ôl y fath

Y Gasgen mewn stiwdio deledu yng Nghaerdydd

ofal a dwrdio, does dim rhyfedd fod Alwyn wedi mynd yn ei flaen yn y byd, gan dreulio nifer o flynyddoedd fel Prif Swyddog Personél Cyngor Sir Gwynedd. Roedd y 'coleg' a brofodd yn Neuadd Glanhafren yn sicr wedi dwyn ffrwyth.

Yn wir, fe ddechreuodd Alwyn wneud standup yn ystod rhai o gyngherddau'r Gasgen ac ymuno mewn sgetsys efo gweddill y grŵp. Dros y blynyddoedd datblygodd ei ddawn trwy raglenni fel *Bacha hi o'ma* gan ei wneud yn enw cyfarwydd i wylwyr S4C. Cyfnod hollol greadigol oedd o i ni fel grŵp o bobl ifanc, yn mwynhau cymdeithasu, yn cymryd rhan mewn dramâu, yn chwarae mewn gwahanol fathau o gigs ac yn mwynhau bob munud. Daeth Alwyn gyda ni i'r Eisteddfod Genedlaethol yn Aberteifi yn 1976 – chwarae yng Nghastell Cilgerran un noson cyn i'r *generator* fethu am weddill y noson a difetha noson fawr yng nghwmni Edward H. Wn i ddim ai ni oedd ar fai am hynny!

Y diwrnod canlynol, roedd fy mrawd Norman, a oedd yn byw yn Aberteifi ac yn swyddog yn y Clwb Rygbi, wedi cynnig i ni gael defnyddio stafell fawr y clwb er mwyn cynnal gig anffurfiol. Anffurfiol oedd hi hefyd, a heb unrhyw fath o gyhoeddusrwydd, fe lwyddon ni i ddenu rhai cannoedd o bobl i fwynhau prynhawn meddwol ond cofiadwy.

Alwyn oedd yn cyflwyno ac yn gwneud *standup* – dwi'n rhyw feddwl mai dyna'r tro cyntaf iddo ddynwared iâr ar lwyfan! Rywbryd yn ystod y prynhawn bu'n rhaid iddo fynd i'r tŷ bach, gan ddarganfod nad oedd yna bapur ar ôl. Mewn rhaglen ar Radio Cymru ryw 20 mlynedd wedi'r digwyddiad hwn, lle roedd yna gystadleuaeth gorffen brawddeg, dyma frawddeg Al – "Mi es i i'r tŷ bach a doedd yna ddim papur ar ôl, a'r unig beth oedd gen i i'w ddefnyddio oedd ..." Fe aeth y gystadleuaeth ymlaen am wythnosau heb i neb gael yr ateb cywir. Dim ond criw dethol ohonom oedd yn gwybod yr ateb – sef, hanner porc pei!!

Yn 1975, fe aeth grŵp y Gasgen i Stiwdio Sain er mwyn creu EP. Pedair cân oedd ar yr EP, sef "Wyt ti'n cofio", "Ni throf yn ôl", "Un dyn bach ar ôl", a "Llongau Caernarfon". Erbyn heddiw, does yna'r un copi ar gael i'w brynu, oni bai fod un ail-law yn ymddangos ar werth ar Amazon. Un o fanteision yr oes fodern ydy bod recordiau fel hyn i'w clywed yn rhad ac am ddim ar YouTube.

Does dim dwywaith, blynyddoedd hapus a ffrwythlon oedd y blynyddoedd hyn i ni bobl ifanc. Cael gigio mewn gwahanol bentrefi a threfi, cael cwmni grwpiau eraill a chael cymdeithasu heb gyfrifoldebau mawr, ar wahân i swyddi pob un ohonom. Wrth edrych yn ôl, mae nifer o'r nosweithiau hyn yn gofiadwy, am resymau gwahanol. Mewn cyngerdd yn hen neuadd Llanbrynmair, cofiaf i ni gyrraedd yn gynnar (yn ôl ein harfer), gosod yr offer cyn mynd i yfed ei hochr hi yn nhafarn y Wynnstay. Cyrraedd y neuadd rhyw ddeg munud cyn i'r cyngerdd ddechrau a chael ein tywys i'r gegin i aros nes y byddai ein tro ni yn dod i fynd i'r llwyfan. Ar ôl rhyw hanner awr, roedd yr angen i fynd i'r tŷ bach yn ddirfawr a chan fod y toiled yr ochr arall i'r llwyfan, doedd mynd yno ddim yn bosib. Dod o hyd i hen debot o dan y sinc a phawb yn gwneud ei fusnes ynddo, cyn agor ffenest a thywallt y cyfan allan ar y glaswellt gerllaw. Fel ym mhob Noson Lawen yn y cyfnod hwn, ar ddiwedd y noson, fe fyddai gwledd yn ein disgwyl. A ninnau a'r artistiaid eraill yn eistedd o amgylch bwrdd y wledd, dyma 'na lais yn gofyn, "Paned o de fechgyn?" Wrth sylweddoli mai'r un tebot oedd hwn, sef yr un a ddefnyddiwyd mewn ennyd o wewyr llwyr, fe atebon ni, "Na, dim diolch!"

Do, bu nifer o droeon trwstan yn ystod y cyfnod hwn – derbyn gwahoddiad gan ffrind Coleg i mi, Alun Ifans, i gynnal noson yn Neuadd Sarn Mellteyrn ym Mhen Llŷn; dilyn yr un patrwm o osod y gêr ar lwyfan y neuadd, cyn anelu am dafarn Tŷ Newydd i oelio'r gwddf a magu plwc. Alun yn gofyn i ni ddod i lawr i'r neuadd tua 7.30 a ninnau'n cyrraedd mewn pryd. Wrth i ni diwnio'r offerynnau, Alun yn ein galw at fynedfa'r neuadd a ninnau'n ufuddhau – y drws yn ffrwydro ar agor a chriw mewn siacedi lledr yn rhuthro i mewn gan ddechrau ein dyrnu'n ddidrugaredd. Yn ffodus, fe gafodd Ieu, ein canwr, afael ar arweinydd y criw anystywallt a'i lorio! A bu distawrwydd, megis mewn ffilm gowboi, a chyfle i weddill aelodau'r grŵp ddod â'n cefnau at ei gilydd fel rhyw fath o *General Custer's last stand*. Ymhen rhai munudau fe gyrhaeddodd yr heddlu, ac wedi hel ein hoffer o'r llwyfan, fe gawson ni *police escort* er mwyn rhoi popeth yn y ceir, cyn ei hel hi oddi yno, yn waedlyd ac yn gleisiau i gyd. Wn i ddim beth oedd cymhelliad y criw uffernol hyn – doedden ni ddim hyd yn oed wedi dechrau perfformio! Ar y pryd, roedden ni'n rhyw feddwl mai criw o Saeson ar fotor beics oedden nhw, ond ymhen diwrnod neu ddau fe ddaeth y wybodaeth mai bechgyn lleol oedden nhw. Fuon ni ddim yn ôl!

Fel aelodau o'r Gasgen y dechreuodd Derec a minnau greu caneuon efo'n gilydd. Y ddau ohonom yn ysgrifennu geiriau ac yna yn jamio ar ddwy gitâr i greu alawon. Yma hefyd y datblygodd yr elfen o onestrwydd wrth ystyried gwaith ein gilydd. Os oedd un ohonon ni'n meddwl fod y geiriau neu'r alaw yn wan, fe fydden ni'n dweud hynny, gan dderbyn fod barn y ddau ohonon ni ar waith ein gilydd yn wrthrychol a diffuant, gan sefydlu patrwm a fu'n ganolbwynt i'n gwaith ni o hynny ymlaen. Felly y bu hi gydol y blynyddoedd gyda phob sioe a oedd i ddilyn ymhen blynyddoedd.

Ryw unwaith y mis, fe fydden ni'n cynnal gig yng Nghlwb Plaid Cymru yn y Rhyl. Nosweithiau da iawn fel rheol; bolied o gwrw, canu o flaen cynulleidfa wresog, ac yna pryd o fwyd mewn bwyty Indiaidd cyn troi am adre tua un o'r gloch y bore. Erbyn hyn roeddwn i'n briod â Sue ac fe anwyd ein mab cyntaf, Trystan, yn 1976. Doedd cyrraedd adre o'r Rhyl am dri o'r gloch y bore a deffro'r babi ddim yn syniad da o gwbl. Hefyd, fel yn hanes y rhan fwyaf o grwpiau, fe ddaeth ein cyfnod ni i ben yn naturiol. Fe gawson ni amseroedd gwych yng nghwmni ein gilydd ac fe arhoson ni'n ffrindiau, ac mae hynny'n dweud llawer amdanom fel grŵp. Erbyn heddiw, dim ond Ieuan a minnau sydd ar ôl. Bu farw Roy, ein drymar, rai blynyddoedd yn ôl, Derec yn 2014 ac Elwyn Parc ym mis Awst 2020.

Mewn erthygl ym mhapur newydd Y *Cymro*, tua 1976/7, fe gyhoeddwyd bod y Gasgen wedi cyrraedd gwaelod... y gasgen, ac fe ddyfynnwyd Derec yn datgan rhywbeth tebyg i hyn. "Ydy, mae'r Gasgen wedi penderfynu rhoi'r gorau iddi, ond ryw ddiwrnod dwi'n meddwl y bydd Penri a fi'n gwneud rhywbeth arall efo'n gilydd."

Proffwydol neu be?

Wrth edrych yn ôl, does dim dwy waith na fyddai Cwmni Theatr Maldwyn wedi bodoli o gwbl, oni bai fy mod i a Derec wedi bod yn rhan o grŵp y Gasgen. Yno y sefydlwyd ein perthynas ni o ran creu caneuon ac o ran ein perthynas wrth fod, weithiau, yn greulon o onest am ymdrechion y naill a'r llall ohonom. Ond yn bwysicach na dim, yno y sefydlwyd ein cyfeillgarwch.

Aelodau o Grŵp y Gasgen yn tiwnio'n barod.

PENNOD DAU

Y MAB DAROGAN

Rhwng 1977 ac 1981, bu Derec a minnau yn ymhel â byd y ddrama, gyda chynyrchiadau yn y Drenewydd, yn aml dan ofal Meurwyn Thomas a oedd ar y pryd yn Swyddog Drama Sir Drefaldwyn ac yna'n ymgynghorydd cyffredinol gyda Chyngor Sir Powys. Pan gyhoeddwyd fod yr Eisteddfod Genedlaethol am ddod i Faldwyn, fe grëwyd rhyw gyffro sydd yn digwydd ym mhob ardal o Gymru yn sgîl dyfodiad yr Eisteddfod, o ran trefnu digwyddiadau codi arian a sefydlu pwyllgorau amrywiol. Fuodd Derec a minnau erioed yn ffans o bwyllgorau, a chadw draw o unrhyw bwyllgor oedd ein bwriad y tro hwn. Ond dan gadeiryddiaeth Meurwyn Thomas ar y Pwyllgor Drama, ni fu hynny'n bosib! Bu'n rhaid i ni gytuno i fynychu cyfarfodydd y Pwyllgor Drama. Mynnodd Meurwyn, "Mae hi'n ddyletswydd arnoch chi, fel athrawon ifanc y sir yma, i fod yn aelodau," a chwarae teg iddo, y fo oedd yn iawn. Gan gofio geiriau proffwydol Derec yn Y Cymro yn 1977, y bydde fo a fi yn sicr o wneud rhywbeth efo'n gilydd yn y dyfodol, dyma ni'n dau yn glanio mewn ystafell bwyllgor ym Machynlleth rywbryd yn 1980. Ar y pwyllgor hefyd yr oedd Ned Harris, un arall a fu'n rhan hynod o bwysig wrth sefydlu Cwmni Theatr Maldwyn.

Yn un o'r pwyllgorau, cynigiodd un ohonom y byddai'n syniad da petai rhywun yn cyfansoddi sioe gerdd ar gyfer ieuenctid y sir. Mae'r hen ystrydeb – os ydych chi'n cynnig rhywbeth mewn pwyllgor, 'dech chi'n siwr o gael y job o'i wneud – yn hollol gywir yn ein hanes ni. Cynigiodd Meurwyn Thomas, Cadeirydd y pwyllgor, bod Derec a minnau'n mynd ati'n ddi-oed i gyfansoddi sioe ar gyfer y bobl ifanc. Derbyniwyd y cynnig hwn yn wresog gan bawb, gan adael y ddau ohonom i grafu'n pennau am wythnosau, cymaint felly fel y dechreuais i golli fy ngwallt! Yn unol â thraddodiad ein cenedl annwyl, penderfynwyd sefydlu is-bwyllgor i fynd ati i gynllunio sioe gerdd. Aelodau'r is-bwyllgor hwnnw oedd Meurwyn, Ned, Derec a minnau. Yr unig brofiad oedd gan Derec a minnau oedd ysgrifennu caneuon ar gyfer y Gasgen a chreu ambell i Gân Actol, fi yn Ysgol Hafren y Drenewydd a Derec yn Ysgol Uwchradd Llanidloes. Buom yn trafod gwahanol bynciau a themâu. Blodeuwedd oedd hi i fod ar y dechrau ac fe gyfansoddwyd un gân, cyn rhoi'r ffidil yn y to. Er hynny, defnyddiwyd y gân honno yn y sioe a berfformiwyd ar lwyfan y brifwyl – **Y Mab Darogan**. Bydd y rheini sy'n gyfarwydd â drama enwog Saunders Lewis yn sylweddoli mai o'r ddrama honno y daeth y gân, "Bedd heb yfory yw dy serch". Mae hi'n rhyfedd meddwl bod y testun Blodeuwedd wedi codi'i ben

"Wrth i'r cyfarfodydd hyn fynd yn eu blaenau daeth yn amlwg fod angen cael teitlau parchus i'r pedwar gŵr doeth. Dyma fedyddio Meurwyn yn gyfarwyddwr, Penri a Derec yn awduron a minnau, Ned, yn weinyddwr. Cyn hir ymunodd Elgan Williams fel is-gynhyrchydd. Yn ddi-os, brwdfrydedd a gallu Penri a Derec oedd yn gyrru'r syniadau a'r creu yn eu blaen ar gyflymder. Casglwyd y byddai angen 12-15 prif gymeriad a chorws mawr i roi cyfle i gymaint â phosib o ieuenctid Maldwyn gymryd rhan yng ngweithgareddau yr Eisteddfod. Yn y perfformiad cyntaf roedd 81 ar y llwyfan gan gynnwys yr offerynwyr."

Ned Harris
Gweinyddwr y Cwmni

unwaith eto 35 o flynyddoedd yn ddiweddarach, wrth i ni ysgrifennu ein sioe olaf gyda'n gilydd, sef *Gwydion* yn 2015.

Gan fod yr Eisteddfod yn cael ei chynnal ym Machynlleth, teimlai'r pedwar ohonom y dylem ni ystyried ysgrifennu sioe gerdd am Owain Glyndŵr, ac felly y bu. Treuliasom rai misoedd yn gwneud ymchwil i hanes Owain, gan bori'n ddwfn i'r clasur gan J.E. Lloyd. Buom yn trafod pa fath o bortread o'r arwr y dymunem ei roi ger bron y genedl, gan benderfynu ceisio dangos rhinweddau y dyn teuluol, y gwleidydd a'r gwladweinydd. Roeddem yn ymwybodol drwy'r adeg o'n cyfrifoldeb tuag at arwriaeth ein testun ond yn mynnu ceisio edrych ar gryfderau ac amheuon y dyn ei hun. Daeth y dull hwn o ymchwilio dwys, y trafod a'r anghytuno, o geisio gwthio'r terfynau, yn rhan o'n dull ni o ysgrifennu gydol y blynyddoedd. Yr adeg hyn hefyd y sefydlwyd y patrwm o ysgrifennu'r 'llyfr', sef gosod rhediad y cynhyrchiad mewn golygfeydd gan nodi beth a ddigwyddai ym mhob golygfa, teimlad pob rhan o'r olygfa, a sut i gysylltu gwahanol olygfeydd. O ran *Y Mab Darogan*, methiant i raddau oedd y cyswllt rhwng y gwahanol olygfeydd, gan adael sioe a oedd yn ddilyniant o ganeuon. Wrth werthuso'r methiant hwnnw maes o law, daethom i ddeall pa mor bwysig oedd creu golygfeydd cyflawn, yn hytrach na dilyniant o ganeuon. I fod yn hollol onest, cyfres o ryw 30/40 o ganeuon oedd *Y Mab Darogan* yn y bôn.

Roedd Derec a minnau'n ymwybodol o'r dechrau fod angen cerddor i gydweithio gyda ni. Roeddem ni'n dau yn gallu cyfansoddi alawon, ond doedd yr un ohonom ni'n gallu darllen nac ysgrifennu cerddoriaeth. Cawsom hyd i gerddor ifanc o'r fro ac fe gyfansoddodd o rai alawon da iawn. Yna, un noson wrth ei gyfarfod i glywed darn a gyfansoddodd, sylweddolodd y ddau ohonom nad oedd yr alaw yn cyd-fynd â theimlad y geiriau i ryw olygfa arbennig. Wrth i ni fod yn onest ac agored gydag o – roedd y ddau ohonom yn greulon o onest gyda'n gilydd – daeth yn amlwg nad oedd yn gwerthfawrogi gonestrwydd o'r fath ac mi bwdodd, cyn ein gadael a mynd â'i alawon gydag o! Roedden ni mewn tipyn o dwll erbyn hyn. Roedd y siarad plaen wedi suro'r llaeth. Yna, fe gofiodd Derec am gyn-ddisgybl o Ysgol Uwchradd Llanidloes, lle roedd o'n athro – merch o'r enw Linda Mills. Erbyn hynny, roedd hi wedi graddio mewn cerdd o Brifysgol Bangor ac yn dysgu mewn Ysgol Uwchradd ym Mae Colwyn. O fewn tymor, cafodd Linda swydd yn Ysgol Gynradd Maes-y-Dre yn y Trallwng ac o'r adeg hynny ymlaen fe ddisgynnodd popeth i'w le. Yn Llanidloes hefyd, roedd yna ddyn ifanc, cyn-ddisgybl i Derec yn yr Ysgol Uwchradd, sef Richard Jones, neu Richard Doug i'w gyfeillion, yn *jamio* gyda Derec o bryd i'w gilydd, ac fe gyfansoddodd o alawon i rai o'r caneuon: "Welsoch chi?", "Na gwall na newyn na gwarth" a "Heno sylweddolais".

Aeth y tri ohonon ni ati i gynllunio, ysgrifennu a chyfansoddi. Cawsom gymorth arbennig gan Meurwyn Thomas a gynigiodd weithredu fel Cyfarwyddwr y sioe, gydag Elgan Williams i'w gynorthwyo. Penodwyd Ned Harris yn weinyddwr ar y cwmni newydd a fedyddiwyd yn Cwmni Theatr Ieuenctid Maldwyn (bu'n rhaid diosg yr 'Ieuenctid' wrth i'r blynyddoedd fynd heibio!). Daeth tri arall i ymuno â'r tîm hefyd – Gareth Owen yn gynllunydd y set, Jon Savage yn dechnegydd golau, a Medi James yn gynllunydd y gwisgoedd, a bu'r tri'n rhan o lwyddiant y cwmni dros y blynyddoedd. Dyma eiriau Gareth Owen yn ei hunangofiant *Rhyw LUN o hunangofiant* (Gwasg Carreg Gwalch):

> "Dyma fy mhrosiect cyntaf ac roedd agweddau o gynllun y set hon yn mynd i ddylanwadu ar sioeau eraill oedd i ddod. Yn gyntaf roedd yn rhaid cael syniadaeth y tu ôl i'r cynllun; hefyd roedd yn rhaid fod modd ei haddasu i leoliadau o wahanol faint. Goresgynnais y broblem hon drwy wahanu darnau o'r set gan adael gwagle sylweddol rhyngddynt. Yn aml byddai un ddelwedd wedi ei gosod ar draws y cyfan gan wneud defnydd o allu rhyfeddol y llygad dynol i gysylltu'r cyfan ar waethaf y

gwagleoedd. Cefais y syniad o ddefnyddio baneri wedi edrych ar luniau Alan Sorrell o neuaddau mawr cestyll. Yn ei argraffiadau artist roedd baneri anferth yn crogi ar y muriau. Roeddynt hefyd yn ddyfais effeithiol i newid golygfeydd o du mewn i'r llys i'r tu allan. Defnyddiwyd y ddelwedd o seren wib Halley fel delwedd ganolog i'r set. Yn ôl traddodiad fe ddechreuodd comed Halley ddisgyn yn yr awyr pan ddechreuodd Owain Glyndŵr (y Mab Darogan) golli ei ymgyrchoedd.

Yn sioe Y Mab Darogan rhoddwyd tipyn o gyfrifoldeb i'r cast newid y golygfeydd, ond yn y sioeau oedd i ddilyn, y nod oedd cynllunio setiau nad oedd angen eu newid cyn belled ag yr oedd hynny'n bosibl."

Gareth Owen
Rhyw LUN o Hunangofiant
Gwasg Carreg Gwalch

Fe benderfynon ni deithio i Lundain i weld y sioe *Evita* a chawsom wahoddiad i gyfarfod y criw technegol er mwyn gweld y cynlluniau ar gyfer y golau, y sain a'r set. Bu'r ymweliad hwn yn fuddiol iawn i ni gan wneud i ni geisio ymgyrraedd at safonau proffesiynol ar gyfer ein holl gynyrchiadau, er nad oedden ni'n gallu gwario'r miliynau fel ag yr oedden nhw yn Llundain! Un ddamcaniaeth arall a ddaeth yn rhan o'n cyfansoddiad cerddorol yr adeg hon oedd y ffaith fod rhaid i alawon fod yn ganadwy a chofiadwy. Roedd rhaglen deledu Saesneg o'r enw *The Old Grey Whistle Test* yn boblogaidd ar y pryd, rhaglen yn ymwneud â'r byd canu roc. Mae'r hanes sydd y tu ôl i enw'r rhaglen hon yn un diddorol. Hen ddynion a oedd yn ysgubo'r llwyfannau yn eu cotiau llwydion ar ddiwedd sioe yn Llundain oedd yr "Old Greys". Pe byddent yn chwibanu alawon y sioe a ddigwyddai fod yn cael ei berfformio ar y llwyfan ar y pryd, gwyddai'r cynhyrchwyr fod ganddynt sioe lwyddiannus ar eu dwylo. Hynny yw, os oedd yr alawon yn gofiadwy i'r "Old Greys", byddai'r bobl a fynychai'r theatr yn eu cofio hefyd. Gyda'r egwyddor hon yn ein meddyliau y daeth y gytgan syml:

Ie Glyndŵr, Ie Glyndŵr,
Clywir sôn am hwn ym mhobman,
Dyma fo y Mab Darogan,
Dyma'r union ddyn i'n harwain ni, Glyndŵr.

Wrth i'r Mab Darogan ddechrau cymryd siâp, fe ddechreuon ni feddwl sut allen ni hel criw i berfformio'r sioe. Cynhaliwyd gwrandawiadau mewn gwahanol rannau o'r sir, mewn neuaddau pentref a thafarndai. Disgwyliem i ddarpar aelodau ganu caneuon modern yn ystod y gwrandawiadau, ond beth gawson ni fwyaf oedd emynau ac ambell i gân werin. Aflwyddiannus fu'r holl syniad o gynnal gwrandawiadau ar gyfer ymuno â'r Cwmni, ac ni fuom yn ddigon ffôl i ailadrodd hynny mewn cynyrchiadau eraill.

"Dechreuwyd ar y gwaith paratoi trwy gynnal clyweliadau i geisio dod o hyd i unigolion addas ar gyfer y prif gymeriadau. Felly dyma ddechrau ar fy nyletswyddau fel gweinyddwr: estyn gwahoddiad trwy gyfrwng papurau bro lleol a Radio Cymru i unigolion i'r clyweliadau yn ogystal â chanfod neuaddau addas i'r gwaith. Cynhaliwyd sesiynau yn Llanfair Caereinion, Glantwymyn, y Drenewydd, Llanfyllin a Dolgellau."

Ned Harris

"Fe dreuliais i rai o flynyddoedd hapusaf fy mywyd yng nghwmni Pen a Der yn Sir Drefaldwyn yn y 70au. Erbyn iddynt benderfynu sefydlu Cwmni Theatr Ieuenctid Maldwyn ar gyfer eu sioe gyntaf, Y Mab Darogan, roeddwn i wedi symud yn ôl i Feirionnydd. Clywais eu bod yn cynnal gwrandawiadau ar gyfer prif rannau'r sioe yn Ysgol y Gader, Dolgellau ryw fin nos ddiwedd haf 1980. Penderfynais fynd a pheidio sôn wrth yr un o'r ddau am fy mwriad. Ar y noson pan waeddsant 'nesaf' mi gamais yn dalog o'r esgyll i ganol y llwyfan. Roedd y ddau yn gwybod am fy 'noniau cerddorol' ac ar ôl torri eu boliau yn chwerthin dyma nhw'n dweud 'den ni angen rhywun i ddal y faner Bala.' ('Bala' oedd Derec a Penri yn fy ngalw i bryd hynny.) A dyna sut y dechreuodd pethau i mi. Mae chwifio'r faner dros y cwmni unigryw hwn, sydd yn debycach i deulu na chwmni theatr, wedi bod yn anrhydedd ac yn brofiad anhygoel dros y 40 mlynedd diwethaf."

Alwyn Siôn

Er hynny, daeth y drefn o gynnal gwrandawiadau ar gyfer dewis prif gymeriadau yn hynod o lwyddiannus. Nid oedd yn fwriad gen i i gymryd unrhyw ran fel perfformiwr yn y cynhyrchiad ei hun. Wedi dewis y prif gymeriad (Owain), sylweddolwyd o fewn rhai wythnosau ein bod wedi gwneud camgymeriad a daeth y cymeriad a ddewiswyd i chwarae'r rhan i'r un casgliad ei hunan. Oherwydd prinder amser ymarfer, rhoddwyd pwysau arnaf i i chwarae rhan Owain, ac felly y bu. Yr un fu hanes Mererid Lloyd Turner. Yn wreiddiol, dewiswyd merch arall i chwarae rhan Marged, sef gwraig Owain Glyndŵr, ond ymhen rhyw ychydig fisoedd o ymarfer, fe ddaeth y newydd bod y ferch yn feichiog a bu'n rhaid ni ail-gastio'r rhan. Yn ystod y daith o'r sioe, cafodd Mererid ddamwain car a bu'n rhaid i ni ofyn i ferch ifanc arall tua 16 oed, Nerys Jones, eilyddio. Druan ohoni, chafodd hi fawr o gyfle i ymarfer – rhyw ychydig oriau efo fi ar daith bws i lawr i Grymych. Cawn fwy o hanes Nerys fel aelod o'r Cwmni yn nes ymlaen.

Mae stori Barri Jones am sut y daeth o'n aelod o Gwmni Theatr Maldwyn yn werth ei hadrodd, gan fod ymuno â'r Cwmni wedi newid cwrs ei fywyd proffesiynol a phersonol. Roedd o newydd gymhwyso fel cyfreithiwr ac wedi penderfynu derbyn swydd dros y ffin yn Lloegr. A dyma beth a ddigwyddodd nesa, ynghyd â'i atgofion am gyfnod *Y Mab Darogan*:

Rhagfyr 1980

"Postio llythyr yn Glantwymyn, clywed swn canu o'r Neuadd. Taro fy mhen rownd y drws a gweld dyn efo gwallt coch cyrliog – Derec! Yntau'n dweud, 'Ti awydd ymuno â ni? Den ni'n brin o ddynion.' Ac felly y bu!

Y penwythnosau ym Mrynllywarch a dysgu cymaint yng nghwmni Derec, Penri a Linda, hefyd Meurwyn, Ned ac Elgan. Gweithio'n galed – a chwarae'n galed hefyd! Mwynhau ymlacio yn yr Herbert Arms yn Ceri, ychydig iawn o gwsg, diolch yn bennaf oll i Eilir ... siarad yn ddi-stop tan oriau man y bore! Trip i Lundain i weld y sioe Evita. Derec yn cynghori fi i wylio 'Che Guevara' (David Essex) yn arbennig; y rhan yn debyg iawn i ran y Bardd yn Y Mab Darogan, meddai ef! Profiad ffantastig; ers hynny, rwy' wedi mynd i'r West End mor aml ag sy'n bosib, i weld y sioeau diweddaraf. Dathlu y noson honno yn yr Hereford Arms (Kensington), a chanu caneuon MD nerth ein pennau! Roedd y locals wedi gwirioni gan y profiad, er nad oedden nhw'n dallt yr un gair!! Bore wedyn, wnes i gysgu'n hwyr (am ryw reswm!). Oni bai am Linda yn chwilio amdanaf, roedd y bws ar fin fy ngadael i yno!

Steddfod '81

Y perfformiad; nerfus tu hwnt... ar wahân i eisteddfod ysgol, do'n i erioed wedi canu fel unigolyn o'r blaen, a minnau'n 24 mlwydd oed. Gwaeth na hynny, roedd 6,000 o fobol yn aros yn eiddgar yn y Pafiliwn! Ro'n i yn crynu fel deilen cyn y gân agoriadol, yn camu nôl a mlaen am hanner awr a mwy cyn y perfformiad, bron yn methu gafael yn y meic yn fy llaw!

Dechrau'r sioe .... waw! Canu i fôr o wynebau, yr hyder yn codi'n raddol.... profiad cwbl ffantastig! Cofio y ffenestri naill ochr i'r llwyfan yn wag i ddechrau, ond wedyn gweld gwynebau yn dechrau ymddangos; erbyn yr ail hanner, roedd y ffenestri yn llawn – pobol y wasg ac yn y blaen? Diwedd y sioe... bythgofiadwy! Nid yn unig roedd y gynulleidfa ar eu traed, roedd rhai yn sefyll ar y cadeiriau!! Roeddem i gyd wedi cael ein syfrdanu gan yr ymateb. Neb yn gwybod beth i wneud nesaf, ond cilio o'r llwyfan... trueni nad oeddem wedi meddwl am 'encore'!

Barn personol, ond dwi'n meddwl fod Y Mab Darogan wedi rhoi y ddrama gerdd 'ar y map' yng Nghymru, yn gelfyddydol ac yn ddiwylliannol, a diolch o waelod calon i'r tri ohonoch am hynny."

Barri Jones (Y Bardd)

"Esgus i gael allan o'r tŷ a chael hoe o'm babi cynta chwe mis oed oedd ymuno ag ymarferion Y Mab Darogan. Pedair obeithiol a gychwynnodd y siwrne o Dal-y-bont, Ceredigion i ymarferion sioe ar gyfer Eisteddfod Maldwyn a'i Chyffiniau yn 1981. Y gobaith oedd cael rhan yn y corws. Does gen i ddim co' ar sut i mi ddod yng ngofal y gwisgoedd, ond dyna fu. Dim llais canu, siwr o fod. Fel hyn roedd Derec a Penri'n gweithio, holi cefndir, stilio a pherswadio tyner. Des i'n aelod balch o'r criw a chychwyn 16 mlynedd o gysylltiad â Chwmni Theatr Ieuenctid Maldwyn. Dros y blynyddoedd roedd gweld Linda, a'i gallu cerddorol meistrolgar, yn trosglwyddo yr hyn roedd hi ei eisiau gan y cast o unigolion, mewn mater o wythnosau, i gwmni triw a disgybledig, yn fraint. O'r cyrion roedd yn bleser gweld datblygiad mewn crefft llwyfan a hyder lleisiol gan ieuenctid y cwmni a sawl un hen wag oedd yn gwybod yn well!

Mae'r sioeon y bues i'n gysylltiedig â nhw wedyn, Y Llew a'r Ddraig a Pum Diwrnod Ryddid, yn cwmpasu blynyddoedd cynnar fy nhri plentyn. Pan fyddai sioe newydd ar y gweill, Derec fydde'n dod i seboni ar y ffôn: 'Ti'n brysur, be sgin ti mlaen...?' Daeth Myfi

Yw ac Er Mwyn Yfory mewn cyfnodau tawelach yn fy mywyd.

Benthyca dillad oddi wrth gymdogion a ffrindiau oeddwn i fynycha a hurio gwisgoedd o Theatr y Werin a Theatr Felinfach, Dyffryn Aeron. Cawsom hefyd, dros y blynyddoedd, ddefnydd o ffatri Laura Ashley. Dim ond rhoi syniad a chais am wisg addas i aelodau'r corws a deuai llond bagiau o ddillad, y gwych a'r gwachul. Buodd atic tŷ ni'n orlawn o ddilladach am flynyddoedd.

Roedd yn gymaint o sbort bod yn gysylltiedig â'r criw amryddawn a thalentog yma. Talent ein cymdeithas wledig sy wedi esgor ar waith ac atgofion mor hapus i gymaint ohonon ni."

Medi James

Fe ddechreuon ni ymarfer yng Nghanolfan Glantwymyn ar y 3ydd o Hydref 1980 a'r ganolfan honno fu cartref ysbrydol y Cwmni o hynny ymlaen. Roedd cysylltiadau Meurwyn Thomas yn y byd addysg yn hynod o werthfawr i'r Cwmni a thrwy garedigrwydd Mr Tom Rees, Prifathro a Warden Canolfan Glantwymyn, cytunwyd y gallen ni ddefnyddio'r ganolfan ar gyfer ein hymarferiadau. Criw o bobl ifanc oedden ni bryd hynny, a Chwmni Theatr Ieuenctid Maldwyn fuo ni yn y blynyddoedd cynnar, hyd nes i'r aelodau heneiddio ac, yn y man, y gollyngwyd y gair "ieuenctid"! Patrwm a sefydlwyd yr adeg hynny oedd cynnal ymarferiadau wythnosol, gydag ymarferiadau ychwanegol ar benwythnosau.

> *"Fel tîm cynhyrchu doedd gennym fawr o syniad pwy na faint oedd am droi i fyny ond cawsom andros o sioc wrth weld cynifer yn troi mewn. Dw i'n cofio Derec yn troi ataf ac yn gofyn. 'Wnes di anfon dy deulu a theulu Heulwen allan i guro drysau yr holl bobl 'ma?!!' Noson eithriadol o hapus a gwerth chweil i ni, ac achos dathliad bach yn nhafarn Pontdolgoch ar y ffordd adre."*
>
> **Ned Harris**

Roedd ein gweinyddwr Ned Harris yn arbennig o ddyfeisgar a thrwy amryfal ffyrdd, llwyddwyd i ddenu arian dan ryw gynllun arbennig ar gyfer pobl ifanc o goffrau yr hen Fwrdd Datblygu Cymru Wledig, a mawr oedd ein gwerthfawrogiad o gefnogaeth dau swyddog amlwg o'r Bwrdd hwnnw, John Hughes a Dewi Hughes. Trwy'r ffynhonnell hon, fe gawsom ddigon o gyllid i gynnal ymarferiadau preswyl yn Ysgol Arbennig Brynllywarch yng Ngheri, ger y Drenewydd, ar bedwar penwythnos.

> *"Wedi'r Nadolig dyma benderfynu fod angen dwysáu yr ymarferion a gwahodd y cast i ymarferion penwythnos. Ond yn lle? Gyda dawn ddiplomataidd a chysylltiadau amlwg Meurwyn Thomas cafwyd caniatâd i ddefnyddio Ysgol Brynllywarch, Ceri, trwy garedigrwydd y Pennaeth, y diweddar Joe Lewis. Bûm mewn ambell i gyfarfod â'r Pennaeth ac â staff arlwyo Brynllywarch, a rhaid dweud ein bod wedi cael croeso a chydweithrediad cynnes a pharod ganddynt, yn arbennig staff y gegin a'r staff glanhau."*
>
> **Ned Harris**

Bu'r penwythnosau hyn yn bwysig nid yn unig o ran ymarferiadau'r sioe, ond hefyd o ran creu cwmni a dod i adnabod ein gilydd. Mae Ned Harris wedi dod o hyd i'r papurau sy'n dangos costau'r pedwar penwythnos, a hyn ar ôl 40 mlynedd! Cyfanswm y gost oedd £1,367 ac roedd hyn yn cynnwys costau talu staff yr ysgol a'r bwyd. Ymarfer yn galed yn ystod dydd Sadwrn – ac yna ar ôl swper nos, i lawr â ni i dafarn yr Herbert Arms yng nghanol pentref Ceri. Nosweithiau arbennig oeddynt – wedi bod yn canu drwy'r dydd, pwy a gredai mai canu fydden ni am oriau eto yn y dafarn gyda'r nos. Pentref digon Seisnig oedd Ceri a doedd y tafarnwr na thrigolion y pentref ddim yn gyfarwydd â chlywed llond tafarn o Gymru yn morio canu yno ar nos Sadwrn. Mae'n rhaid dweud bod y tafarnwr wrth ei fodd efo ni fel cwmni ac yn mwynhau'r canu'n fawr. Mae'n siwr ei fod o wrth ei fodd efo'r arian oedd yn mynd dros y bar hefyd, gan y bu'r nosweithiau hynny yn feddwol iawn. Yn ogystal â chanu'r caneuon o sioe *Y Mab Darogan*, fe fuon ni hefyd yn canu amrywiaeth o ganeuon eraill. Fe ddechreuon ni ganu'r gân wirion honno, "Un banana, dwy fanana" a hynny mewn pedwar llais ac fe ddaeth hi'n dipyn o ffefryn gyda'r tafarnwr. Yn wir, fel gwerthfawrogiad o'r croeso a gawsom ganddo am fisoedd adeg yr ymarferiadau, fe roeson ni ddau docyn iddo ddod i weld y sioe ym Mhafiliwn yr Eisteddfod Genedlaethol ym Machynlleth, er nad oedd o'n deall nac yn siarad Cymraeg. Y tu allan i'r Pafiliwn, ar ddiwedd y sioe, gofynnodd rhywun iddo a oedd o wedi mwynhau? Oedd mi roedd o wedi mwynhau, ond roedd o braidd yn siomedig nad oedd y gân "Un banana" yn rhan o'r sioe!

Daeth y noson fawr yn y Pafiliwn ac roedd pawb o'r cast yn hynod o nerfus. Yn y Pafiliwn y noson honno roedd tua chwe mil o bobl a ninnau'n bobl ifanc hollol ddibrofiad yn mentro perfformio sioe newydd gerbron y genedl. Yn yr wythnosau oedd yn arwain i fyny at y perfformiad, roedden ni'n poeni hefyd am ansawdd y sain. Roedd Derec, Alwyn Siôn a minnau wedi bod ym Mhafiliwn yr Eisteddfod Genedlaethol yng Nghaerfyrddin pan berfformiwyd y sioe *Nia Ben Aur* am y tro cyntaf. Roedden ni'n ymwybodol iawn fod diffygion y sain wedi difetha'r perfformiad hwnnw i lawer o bobl a oedd yn bresennol. Ddim i Alwyn a fi ysywaeth, gan ein bod ni wedi cerdded drwy'r pafiliwn i'r blaen ac eistedd yn seddi'r wasg! Wrth ein hymyl, roedd Gruff Miles yn eistedd gyda photyn o fêl – y fo oedd llefarydd y cynhyrchiad ac roedd o wedi colli ei lais. Mae'n siwr bod sawl peint o gwrw wedi'n gwneud ni'n ddigon gwrol a phowld i fentro eistedd yn y fath leoliad. Diddorol yw nodi fod yna fachgen ifanc ar brofiad gwaith yn helpu gyda'r sain ar y noson y perfformiwyd *Y Mab Darogan*. Y bachgen ifanc hwnnw oedd Hefin Owen, a ddaeth, maes o law, yn gyfarwyddwr teledu gyda Chwmni Opus ac a fu'n gymaint rhan o lwyddiant y Cwmni mewn blynyddoedd i ddod.

Dyma'r hyn a nodwyd ym mhapur newydd Y Cymro ar 11 Awst 1981:

"Cafwyd ymateb brwd i'r perfformiad gan y gynulleidfa fawr yn y pafiliwn a llwyddwyd i oresgyn y rhan fwyaf o'r problemau sain, yn enwedig ar ôl y chwarter awr cyntaf. Deallwn mai dim ond dau ymarfer a gafwyd yn y pafiliwn gyda gwŷr y sain ac o ganlyniad roedd peth pryder ynglŷn â hyn ymlaen llaw, yn enwedig o gofio'r anawsterau a fu gyda'r opera roc ddiwethaf i gael ei pherfformio ar lwyfan y pafiliwn, Nia Ben Aur *yn Eisteddfod Caerfyrddin yn 1974."*

Ta waeth, roedd y cof am y diffygion hynny ar flaen ein meddyliau, ac fe lwyddon ni i sicrhau ansawdd sain derbyniol iawn. Dros y blynyddoedd, wrth i ni berfformio sawl sioe ar lwyfannau yr Eisteddfod Genedlaethol, bu'r un gofid yn parhau.

Mae cael perfformio ar lwyfan y Brifwyl yn fraint arbennig ac mae ein diolch i'r Eisteddfod Genedlaethol yn hollol ddiffuant. Maent wedi rhoi llwyfan i'r Cwmni ac mae'r Eisteddfod yn rhan enfawr o lwyddiant y Cwmni. Wedi dweud hynny, mae ceisio perfformio sioe gerdd ar lwyfan y Brifwyl, gan dderbyn mai rhyw ddwy awr sydd yna i baratoi'r llwyfan ar ddiwedd y cystadlu dyddiol, yn dipyn o her. Tua dwy awr i osod y set, y sain a'r goleuadau. Gall sound check gymryd o leiaf awr i gael sain y band, y corws a'r unawdwyr yn gytbwys a chywir. I unrhyw gynhyrchydd, dyma'r oriau mwyaf anodd ac mae'r lefelau stress yn uchel iawn. Y tu ôl i'r llwyfan, mae'r gwaith o gael pawb yn eu gwisgoedd a choluro yn prysur fynd ymlaen gyda phawb yn cadw llygad ar y cloc.

Profiad anhygoel i bob un ohonom ydoedd perfformio o flaen miloedd yn y Pafiliwn a gweld a theimlo gorfoledd y gynulleidfa ar ddiwedd y sioe. Roedd arwr personol i lawer ohonon ni, sef Gwynfor Evans, ymhlith y miloedd ar eu traed ar ddiwedd y noson. Yn wir, roedd yr awyrgylch yn danllyd o genedlaetholgar ar y noson honno ym Machynlleth yn 1981.

Roedd yn fwriad ganddom i recordio EP pedair cân o'r sioe ar gyfer ei gwerthu yn yr Eisteddfod ym Machynlleth. Aethom i'r Foel Studios yng Nghefn Coch ger Llanfair Caereinion a threulio sawl penwythnos yn gosod y traciau i lawr. Dyn o'r enw Dave Anderson, aelod o'r band Hawkwind, oedd yn berchen ar y stiwdio ac ef oedd cynhyrchydd y recordiad. Fe gawsom gytundeb gydag o y bydden ni'n talu am y recordiad a mil o gopïau ar yr amod bod yr EPs ar gael i'w werthu yn yr Eisteddfod. Yn anffodus, ni ddaeth y disgiau i'r golwg ac fe gollon ni'r cyfle i werthu'r recordiad. Yn y band ar gyfer y recordiad hwnnw roedd Richard Jones (a gyfansoddodd rai o'r alawon) ar y drymiau a dau hogyn o Sir Amwythig, Bryan Jones ar y gitâr fas a Bruce Drummond ar y gitâr flaen, cerddorion roc arbennig o greadigol. Ni fu'r tri gyda ni ar y daith o'r sioe. Mae Richard yn byw yn Nhrefeglwys ond am y ddau arall, ni chlywais ddim o'u hanes hyd ryw chwe mlynedd yn ôl. Mewn parti yn nhŷ cyfaill i mi un noson, dyma rywun yn galw fy enw ar draws yr ystafell. Bruce y gitarydd ydoedd a dyma ddarganfod ei fod wedi profi bywyd lliwgar iawn dros y blynyddoedd, gan fynd ag ef i Hong Kong am gyfnod helaeth fel bargyfreithiwr. Pwy a feddyliai yn 1981 y byddai'r rocar anystywallt hwnnw a fu gyda ni yn *Y Mab Darogan* yn cyrraedd y fath uchafbwynt yn ei yrfa. Yn y band yn y Pafiliwn hefyd, yn ychwanegol at yr uchod, roedd Linda Mills fel Cyfarwyddwr Cerdd, Lydia Griffiths ar y piano a'r delyn a Delyth Rees ar yr allweddellau. Ar daith *Y Mab Darogan*, bu Derec yn chwarae'r drymiau a Gareth John ar y gitâr.

Yn dilyn yr Eisteddfod yn 1981, aed â'r sioe ar daith i theatrau ar draws y wlad, o

Theatr Gwynedd i Theatr y Werin Aberystwyth, i Lanelli a Chaerdydd, a Phafiliwn Corwen. Yn wir, taith o ryw bedwar mis dros fisoedd oer y gaeaf. Bu'r daith yn hynod o lwyddiannus gan lenwi pob theatr a neuadd. Dyma a nododd Catrin Mai Evans ym Mhapur Bro Cwm Tawe, *Y Llais* yn 1981:

"I'r rhai ohonom na fu'n bresennol ym mherfformiad cyntaf Cwmni Theatr Ieuenctid Maldwyn o'r ddrama gerdd Y Mab Darogan *yn ystod y Steddfod eleni, roedd hon yn noson y bu disgwyl mawr amdani ac ni fu dim o'r brwdfrydedd disgwylgar hwnnw'n ofer – cafwyd noson a oedd mae'n siwr wrth fodd pob un o'r gynulleidfa gref yn Llanelli a pherfformiadau byw a chaboledig gan aelodau'r cwmni."*

Ned Harris a fu'n gyfrifol am drefnu taith *Y Mab Darogan*, gwaith a olygai oriau o waith iddo wrth drefnu lleoliadau, dyddiadau a threfniadau teithio ac aros dros nos.

"Yn gyntaf, dod o hyd i ganolfannau addas ledled Cymru, a chytuno ar noson gyfleus, heb sôn am y glo man o drafod telerau gyda rheolwyr canolfannau oedd ddim bob amser yn gyfarwydd â Chwmni Theatr Ieuenctid Maldwyn. Roedd angen gwesty dros nos mewn ambell i ardal a threfnu bysiau i'n cludo. Byddai dau fws yn gadael Maldwyn, un o Ddyffryn Hafren a'r llall o Ddyffryn Banw. Golygai hyn osod amserlen gaeth gan mai hwyr y prynhawn, oherwydd galwadau gwaith, oedd yr amser mwya priodol i adael. Ni chofiaf i ni gael dim trafferth efo bysiau Mid Wales Motorways a rhaid canmol yr aelodau am gadw yn gydwybodol at yr amserlen er mwyn cyrraedd y canolfannau i'r perfformiadau allu dechrau ar amser, un arall o ddisgwyliadau'r Cwmni. Ni chyrhaeddwyd yn hwyr yn un man. Talaf deyrnged yma i'r ddau yrrwr arferol, Les Bridge a Gordon Cound. Unwaith yn unig y cafwyd ychydig o banic. Mis Chwefror 1982 os cofiaf yn iawn, a'r tywydd yn felltigedig o oer a rhew tew dros y wlad; digon oer i rewi disel yn y bysiau. Cofio cael galwad gan un o reolwyr y Mid Wales yn amau a fydden ni'n gallu teithio i Aberystwyth y pnawn Sadwrn hwnnw. Mynd i lawr i'r iard a gweld tân papur mawr o dan y bws a'r mecanic yn ceisio dadmer y peipiau! Chwarae teg i bobl leol, bob amser am roi eu gorau i'r Cwmni."

Ned Harris

ond o'i hadnabod hi, mae'n siwr fod ganddi ymbarél yn ei bag llaw! Doedd y gynulleidfa ddim callach chwaith – yn wir, roedden nhw wedi rhyfeddu at effaith anhygoel y dŵr yn disgyn gan gredu ei fod o'n rhan o'r cynhyrchiad. *Suspension of belief* go iawn. *Y Mab Darogan* oedd un o'r rhaglenni cyntaf i gael ei darlledu ar S4C yn Nhachwedd 1982. Ffilmiwyd y cynhyrchiad yn Theatr Hafren y Drenewydd adeg y Pasg yn 1982 gan gwmni Teledu Tir Glas (cynhyrchiad Huw Jones) dan gyfarwyddyd Wil Aaron dros gyfnod o 2/3 diwrnod. Dyma a nodwyd yn mhapur newydd *Y Cymro* ar Ionawr 26 1982 dan y pennawd 'Equity yn caniatáu ei ffilmio i S4C':

"Mae Undeb yr Actorion, Equity, wedi rhoi sêl bendith ar y bwriad i ffilmio'r ddrama gerdd Y Mab Darogan *ar gyfer S4C. Penderfynodd yr Undeb fod y cynhyrchiad yn un unigryw ac y dylai cwmni ffilmio gael perffaith ryddid i'w ffilmio gyda'r gobaith o'i ddarlledu ar y sianel newydd o gwmpas y Nadolig nesaf.*

Bydd cwmni cynhyrchu annibynnol Teledu'r Tir Glas yn ffilmio'r ddrama gerdd a fu'n llwyddiant ysgubol yn Steddfod Maldwyn y llynedd, ym mis Ebrill yn Theatr Hafren, theatr newydd a agorwyd yn y Drenewydd yr wythnos diwethaf.

Cwmni Theatr Ieuenctid Maldwyn

yn cyflwyno

Y MAB DAROGAN

| gan | Dafydd Penri Roberts |
| a | Derec Williams |

| Rhai alawon gan | Linda Mills |
| a | Richard D. Jones |

| Trefniant Cerddorol | Linda Mills |

Owain Glyndwr	Dafydd Penri Roberts
Marged (ei wraig)	Mererid Lloyd Turner
Crach (proffwyd Owain)	Emyr Puw
Y Bardd	Barrie Jones
Gruffydd (mab Owain)	Martin Wigley Evans
Elin	Jayne Thomas
Rheinallt	Bedwyr Roberts
Rhys Gethin	Edfryn Lewis
Gwilym Tudur	Wyn John
Rhys Tudur	Geraint Jones
Deon	Robin Glyn Jones
Y Llais Gwyn	Eleri Richards
Betsan	Gaenor Howells
Lowri	Sioned Owen
Llys Gennad Ffrainc	Eilir Jones
Llys Gennad yr Alban	Geraint Davies

Y CORWS

Gwenan Davies, Irfon Davies, Dwynwen Edwards, Lynn Edwards, Marion Edwards, Bethan Ellis, Mirain Ellis, Shân Ellis, Gwyn Fleming, Jeremy Fothergill, Sandra Francis, Anwen Griffiths, Llywelyn Griffiths, Rhiannon Griffiths, Pedr Gwyllt, Dyfrig Hughes, Heulwen James, Sian Jarman, Alwyn Jones, Arwel Jones, Charlotte Jones, Emrys Glyn Jones, Llinos Mary Jones, Mary Rhiannon Jones, Mary E. Jones, Nerys Jones, Margaret Lewis, Bethan Lloyd, Eleri Lloyd, Richard Lloyd, Rhian Lloyd, Nicholas Parkyn, Arwel Puw, Karen Puw, Aled Rees, Elin Rees, Megan Rees, Rhian Mai Rees, David Wyn Roberts, Eleri Roberts, Margaret Roberts, Wyn Roberts, Alwena Thomas, Alun Thomas, Geraint Thomas, Mair Thomas, Sian Thomas, Eleri Turner, Ann Williams, Einir Williams, Catrin Vaughan.

DAWNSWYR

Lisa Collins, Sarah Collins, Nicola Farrell, Claire Jenkins, Suzanne Lawrence, Kerry Reynolds, Hannah Ruck, Sarah Streeter, Helen Williams, Stan Williams, Samantha Wood.

Piano a thelyn	Lydia Griffiths
Allweddellau	Delyth Rees
Gitâr Flaen	Bruce Drummond
Gitâr Fâs	Bryan Jones
Drymiau	Richard D. Jones
Hyfforddwyr Dawnsio	Pat Burns a Linda Jasper
Gwisgoedd	Medi James
Cynllunydd	Gareth Owen
Golau	Jonathan Savage, David Hughes
Gweinyddu	Edward Harries
CYNHYRCHYDD	Elgan Moelwyn Williams
CYFARWYDDWR	Meurwyn Thomas

Perfformiad cyntaf ym Mhafiliwn Eisteddfod Genedlaethol Maldwyn a'i Chyffiniau, Awst 5ed, 1981.

3

"*Y Mab Darogan* oedd y rhaglen gyntaf i'w recordio ar fideo (yn hytrach na ffilm) ar gyfer S4C. Roeddwn i wedi gweld y derbyniad gwych gafodd y cynhyrchiad gwreiddiol yn Eisteddfod Machynlleth yn 1981 ac, yn y dyddiau cynnar hynny flwyddyn cyn lansio'r sianel newydd, wedi cael comisiwn gan Euryn Ogwen i wneud fersiwn ar gyfer y teledu.

I wneud gwaith iawn ohoni, roedd angen mwy na recordio'r perfformiad llwyfan. Roedd angen torri – i gael awr a thri chwarter o berfformiad llwyfan lawr i'r awr roedd S4C yn chwilio amdano, a gwneud hynny heb golli llif y stori na'r amrywiaeth lleisiol. Roeddwn i am i'r gynulleidfa deledu ddal i fedru teimlo egni'r perfformiad byw ond hefyd i'r siots a'r closeups *gael eu dewis yn bwrpasol*, a'u saethu dan reolaeth, fesul cân, gyda'r prif gantorion yn canu'n 'fyw'. Roedd hynny'n golygu trefnu tri diwrnod o recordio yn Theatr Hafren, y Drenewydd, yn ogystal â diwrnod hir yn Stiwdio Sain i recordio'r gerddoriaeth gefndir a lleisiau'r corws. Roedd angen hefyd ddiwrnod o ymarfer yng Nghanolfan Glantwymyn er mwyn paratoi'r sgript deledu. Roedd hyn oll yn gofyn ymrwymiad sylweddol gan griw'r cwmni, a'r unig obaith oedd ei wneud dros benwythnos gwyliau'r Pasg, cyfnod oedd yn hwylus nid yn unig i'r disgyblion ysgol a choleg a'r athrawon oedd yn rhan o'r criw, ond hefyd i'r ffermwyr ifanc niferus oedd yn eu plith – gyda'r wyna drosodd a'r torri silwair heb gychwyn.

Be' oedd yn wych oedd brwdfrydedd heintus y criw – rhai ohonynt bellach yn eu tridegau ond mor gynhyrfus â phlant bach adeg Nadolig yn gweld sut oedd eu sioe nhw yn cael ei chyfieithu ar gyfer y sgrin. Yn llawn diddordeb ynglŷn â'r goleuo a safle'r camerâu, ac yn mynnu cael eu trwytho yn y cyfrinachau gan bobl fel Wil Aaron y cyfarwyddwr a Malcolm Harrison, y cyfarwyddwr goleuo. A ninnau (Teledu'r Tir Glas) yn ymwybodol iawn ein bod yn torri tir newydd, gan ddefnyddio uned fideo ysgafn o Lundain fyddai'n fodel ar gyfer cerbyd newydd Barcud oedd i gyrraedd ryw fis yn ddiweddarach.

Roedd Theatr Ieuenctid Maldwyn felly nid yn unig yn arloesi gyda'u cynhyrchiad gwreiddiol, a'u hymdrech fawr i dynnu a chadw pobl ifanc ynghyd o bob cwr o'r canolbarth – ond yn destun arbrawf pwysig ar gyfer y sianel deledu genedlaethol newydd. Ac i gwblhau'r arloesi, hon hefyd oedd y rhaglen ddewiswyd i fod yn ganolbwynt adloniant nos Sadwrn gyntaf S4C ar yr awyr saith mis yn ddiweddarach. Aeth y cwmni, a'r sianel, yn eu blaenau i adeiladu blynyddoedd o lwyddiant ar gefn y camau mentrus cychwynnol yma."

Huw Jones – Cwmni Teledu Tir Glas
a chyn Brif Weithredwr S4C

Wrth i ni orffen recordio'r Mab Darogan ar gyfer ei ddarlledu ar S4C yn Theatr Hafren, fe gyfansoddodd Alwyn Siôn eiriau newydd i gân Huw Jones, "Dwi isio bod yn Sais". Fel arwydd o'n diolch, fel cast, am y cyfle yr oedd Huw wedi'i gynnig i ni dros y dyddiau hyn yn Theatr Hafren, fe ganodd yr holl aelodau eiriau Alwyn, "Dwi isio bod yn Star".

Fe aethom hefyd i Stiwdio Sain i recordio albwm o ganeuon Y Mab Darogan ac fe wnaeth Hefin Elis waith gwych wrth recordio'r cyfan. Ef hefyd a chwaraeodd ar sawl trac ar yr albwm, gyda Charli Britton ar y drymiau. Linda wrth gwrs a fu ar y piano a'r allweddellau. Un stori ddiddorol a gofiaf am y gwaith o recordio'r sioe yn Nghanolfan Sain yn Llandwrog. Yn dilyn marwolaeth Gruffydd, mab Owain Glyndŵr, ar ddiwedd y gân "Llosgwn Gaer y Gormes" roedd gofyn am gael sgrech annaearol. Gan nad oedd neb o'r Cwmni yn y stiwdio ar yr adeg pan fu Hefin yn cymysgu traciau'r gân hon, roedd o mewn tipyn o dwll o ran cael y sgrech ar dâp. Mae'n debyg i Gillian Elisa, yr actores, gerdded i mewn i'r ystafell reoli ar yr union adeg pan oedd Hefin yn crafu ei ben ynglŷn â lle y câi afael ar rywun i recordio sgrech iddo. A dyna a fu mae'n debyg – Gillian Elisa oedd yn gyfrifol am y sgrech a glywir ar y recordiad o'r Mab Darogan! A sgrech dda iawn oedd hi hefyd.

"Roedd fy nghyfnod fel cynhyrchydd recordiau i gwmni Sain o ganol saithdegau i ddechrau wythdegau'r ganrif ddiwethaf yn hynod o brysur a chyffrous ac mi gefais y fraint o gael cydweithio gyda dwsinau o unigolion, grwpiau a chorau talentog, a hynny mewn pob math o arddulliau cerddorol. Yn sicr un o'r uchafbwyntiau oedd cael cydweithio gyda chriw Cwmni Theatr Ieuenctid Maldwyn ar ddwy record hir, Y Mab Darogan a Pum Diwrnod o Ryddid. Roedd 1981 yn flwyddyn bwysig i mi; dyna'r flwyddyn y priododd Marian a finnau ac yn dilyn ein mis mêl yn Rhufain (pan gafodd ein ces oedd yn cynnwys tystysgrif priodas, pasbortau a chamera eu dwyn, ond stori arall ydy honno) dyma ddychwelyd adre ac yn syth i Fachynlleth ar gyfer deuddydd olaf yr Eisteddfod Genedlaethol. Y gair ar wefusau pawb oedd 'Y Mab Darogan'; roedd sioe'r cwmni theatr lleol wedi creu cymaint o argraff. Er na lwyddais i gael gweld y sioe roedd yn amlwg fod rhywbeth go arbennig wedi gweld golau dydd ac y byddai'n rhaid i Sain gynhyrchu record hir o'r campwaith.

Mae holl fanylion y broses o gael y prosiect at ei gilydd yn pylu yn niwl y blynyddoedd ond rydw i'n cofio fod cydweithio gyda Penri, Derec a Linda yn bleser pur ac mae gen i gof eu bod wedi

44

anfon tâp ata i o'r cwmni'n ymarfer rhai o'r caneuon yng Nglantwymyn. Cafodd y tâp ei drosglwyddo i'r peiriant 24 trac newydd oedd yn y stiwdio a'i ddefnyddio fel canllaw i recordio offerynnau yn barod ar gyfer ymweliadau'r cast ar gyfer recordio'r lleisiau ar y caneuon penodol hynny. Bûm i, a 'nghyfaill Charli Britton ar y drymiau, wrthi am gryn dipyn yn paratoi'r traciau cefndir gan obeithio y byddent yn dderbyniol gan y cast; o be' gofiaf, mi aeth popeth yn iawn, diolch i'r drefn! Wrth gwrs, Linda oedd yn chwarae'r piano ar y recordiad a Charli a finnau'n gyfrifol am weddill yr offerynnau. Mae gen i gof o'r cast yn cyrraedd y stiwdio mewn bws a doeddwn i erioed wedi gweld cymaint o bobl yn y stiwdio ar yr un adeg, ond cafwyd llawer o hwyl wrth gael y maen i'r wal.

Roedd y record yn llwyddiant ac mae'r caneuon yn dal yn boblogaidd hyd heddiw, fel yn wir mae caneuon yr holl sioeau eraill a gafodd eu llwyfannu gan y cwmni dawnus. Ac wrth gwrs, dyna gyfrinach y drindod dalentog – cyfleu hanes Cymru, yr hanes nad yw'n cael fawr o sylw yn ein hysgolion, i gynulleidfaoedd o bob oed mewn arddull boblogaidd, gofiadwy. Roedd yn fraint wironeddol cael bod yn rhan fechan o'r recordiad cyntaf a chael

cydweithio gyda'r criw i gyd, ond yn arbennig gyda Penri, Derec a Linda a chael profi rhan o'u gweledigaeth, eu gallu arbennig a'u brwdfrydedd diflino a roddodd gymaint o foddhad i aelodau'r cwmni am ddegawdau, ac wrth gwrs i'r genedl."

Hefin Elis

Pobl ifanc oedd y cast, yn gymysgedd o bobl gyda chydig o brofiad o ganu ar lwyfan ynghyd â phobl hollol ddibrofiad. Pobl ifanc o Faldwyn, Meirion a Cheredigion a ddaeth i ymaelodi a dyna fu patrwm aelodaeth y Cwmni hyd heddiw. Roedd yna nifer o ddysgwyr ymysg yr aelodau hefyd a daeth hynny hefyd yn batrwm ar gyfer y dyfodol. Roedd yna un Sais yn y Cwmni, dyn a daflodd ei hun i mewn i bob agwedd o'r cynhyrchiad – ar y llwyfan ac oddi arni. Yn dilyn y perfformiad yn yr Eisteddfod Genedlaethol ym Machynlleth, fe ddiflannodd y gŵr hwn a chlywodd neb air amdano wedyn. Gwrthodwyd y Refferendwm dros Senedd i Gymru yn 1979 ac erbyn 1980/81, roedd teimladau cenedlaetholgar yn danllyd ar draws y wlad. Yn sicr, roedd *Y Mab Darogan* yn tanio'r teimladau cenedlaetholgar hynny ym mhob perfformiad. Yn ôl at y gŵr a ddiflannodd: roedd rhai yn amau ei fod wedi cael ei blannu yn ein mysg gan y gwasanaethau cudd er mwyn cadw llygad arnom. Pwy a ŵyr, ond hyd y gwn i, glywodd neb ganddo dros y blynyddoedd a aeth heibio.

Roedd dau fachgen ifanc, Eilir Jones a Dafydd Roberts, wedi glanio yn y Drenewydd trwy alwadau gwaith eu tadau. Y ddau yn Gymry Cymraeg cefn gwlad, bellach fel pysgod allan o ddŵr yn Ysgol Uwchradd y Drenewydd (er i Eilir symud i Ddinas Mawddwy cyn taith *Y Mab Darogan*) lle nad oedd yna fawr o Gymraeg yn cael ei siarad. Roedd cael bod yn rhan o'r Cwmni yn sicr yn fendith i'r ddau ac o bosib yn feithrinfa i'w talentau. Mae Dafydd erbyn hyn yn rhan o'r ddeuawd gomig Bach a Mawr ac wedi bod yn aelod blaengar o Theatr Fach Llangefni ers blynyddoedd, ac mae Eilir wedi ennill bywoliaeth fel actor, fel standyp a thrwy ysgrifennu cyfresi comedi i S4C. Wrth deithio ar draws y wlad efo'r *Mab Darogan* byddai Eilir yn cario dau gês – un ar gyfer gwisgoedd y cynhyrchiad, a chês arall yn llawn o brops o bob math. Yn y dafarn gyda'r nos, ar ôl y perfformiadau, byddai Eilir yn perfformio darnau digri o bob math gan ddefnyddio props a dillad i liwio'i berfformiadau. "Cecil was a centipede" oedd un o'r darnau – ond trwy roi nam ar ei leferydd, deuai'n "Thethil was a thentipede". Byddai'n ychwanegu at ei ystod o ddarnau a chymeriadau gwahanol yn aml ac yn ein diddori ni am hydoedd.

Soniais eisioes bod y ferch ifanc Nerys Jones o Lanfair Caereinion wedi gorfod camu i mewn yn ystod taith *Y Mab Darogan*. Yr unig ymarfer a gafodd oedd ar y bws wrth i ni deithio i lawr i Grymych ar brynhawn Gwener, cyn perfformio gyda'r nos. Bu'n rhaid i Nerys ddibynnu ychydig ar nodiadau ar bapur yn ystod y perfformiad yng Nghrymych ond erbyn y nos Sadwrn, yn Theatr Halliwell yng Ngholeg y Drindod, Caerfyrddin, roedd y cyfan ar ei chof.

> *"Roeddwn yn edrych ymlaen bob wythnos at y siwrne o Lanfair Caereinion i Glantwymyn i ymarfer. O'n ni i gyd fel teulu mawr, pawb yn edrych ar ôl ei gilydd ac yn gefnogol dros ben. Penri, Derec a Linda fel Mentors. Cofio'r wefr am ymateb y gynulleidfa ar ôl y perfformiad cyntaf o'r Mab Darogan; yn y ffrog las ddi-siâp!*
>
> *Ro'n i'n 16 oed erbyn i ni fynd â'r sioe ar daith, ac ar ddiwedd y perfformiad yng Nghrymych, lle y bu'n rhaid i mi eilyddio ar gyfer rhan Marged, ddoth y foment - A-HA ... tybed oedd posibilrwydd gyrfa yn y byd canu o fy mlaen?"*
>
> **Nerys Jones**

Wrth edrych yn ôl ar y cyfnod cychwynnol hwn, daw yn amlwg bod y Cwmni yn ddyledus i'r holl bobl a fu'n rhan o'r tîm cyntaf, o'r cast a'r offerynwyr, i'r rhai a fu'n rhan o'r tîm cynhyrchu. Gwyddai'r cast fod cymaint o bobl y tu ôl i'r llwyfan yn gweithio am oriau yn codi set y sioe, yn gosod goleuadau ac yn paratoi gwisgoedd a cholur, er mwyn sicrhau yr amodau gorau ar gyfer yr holl berfformiadau.

Mae'n bwysig i mi nodi hefyd enwau tri o aelodau gwreiddiol y Cwmni. Mae Barrie Jones, Robin Glyn Jones a Margaret Lewis wedi bod yn aelodau o'r Cwmni o 1980 hyd heddiw, wedi bod ym mhob un sioe ac yn adlewyrchiad anhygoel o arwyddair Cwmni Maldwyn – "Prydlondeb a Ffyddlondeb". Mae nifer o aelodau eraill wedi bod yn rhan o lawer o'n sioeau ac wedi rhoi gwasanaeth ffyddlon i'r Cwmni. Mae nifer o briodasau wedi deillio o ochr gymdeithasol y Cwmni – a nifer, ar ôl magu teulu, wedi ailymuno ymhen blynyddoedd.

Gyda'r *Mab Darogan* y dechreuodd 'taith' Cwmni Theatr Maldwyn, taith a fyddai'n parhau am gyfnod o ddeugain mlynedd.

> *"Wrth gwrs roedd rhaid sicrhau fod y set yn cyrraedd y lleoliadau mewn da bryd. A dyma rôl y FAN. Unwaith eto, caredigrwydd a dawn ddewinol Meurwyn Thomas sicrhaodd y cerbyd yma gyda bonws o yrrwr, codwr set a thechnegydd golau. Mawr yw'r diolch am hyn i'r diweddar Jon Savage. Yn sicr roedd Meurwyn yn ei elfen y prynhawniau hynny ac yn hapus braf gyda'i getyn yn ei geg. Rhaid cyfeirio yma at ddawn a chymorth adeiladwr y set – yr arch grefftwr Gareth Owen, o Lanuwchllyn ar y pryd."*
>
> **Ned Harris**

PENNOD TRI

Y CYLCH

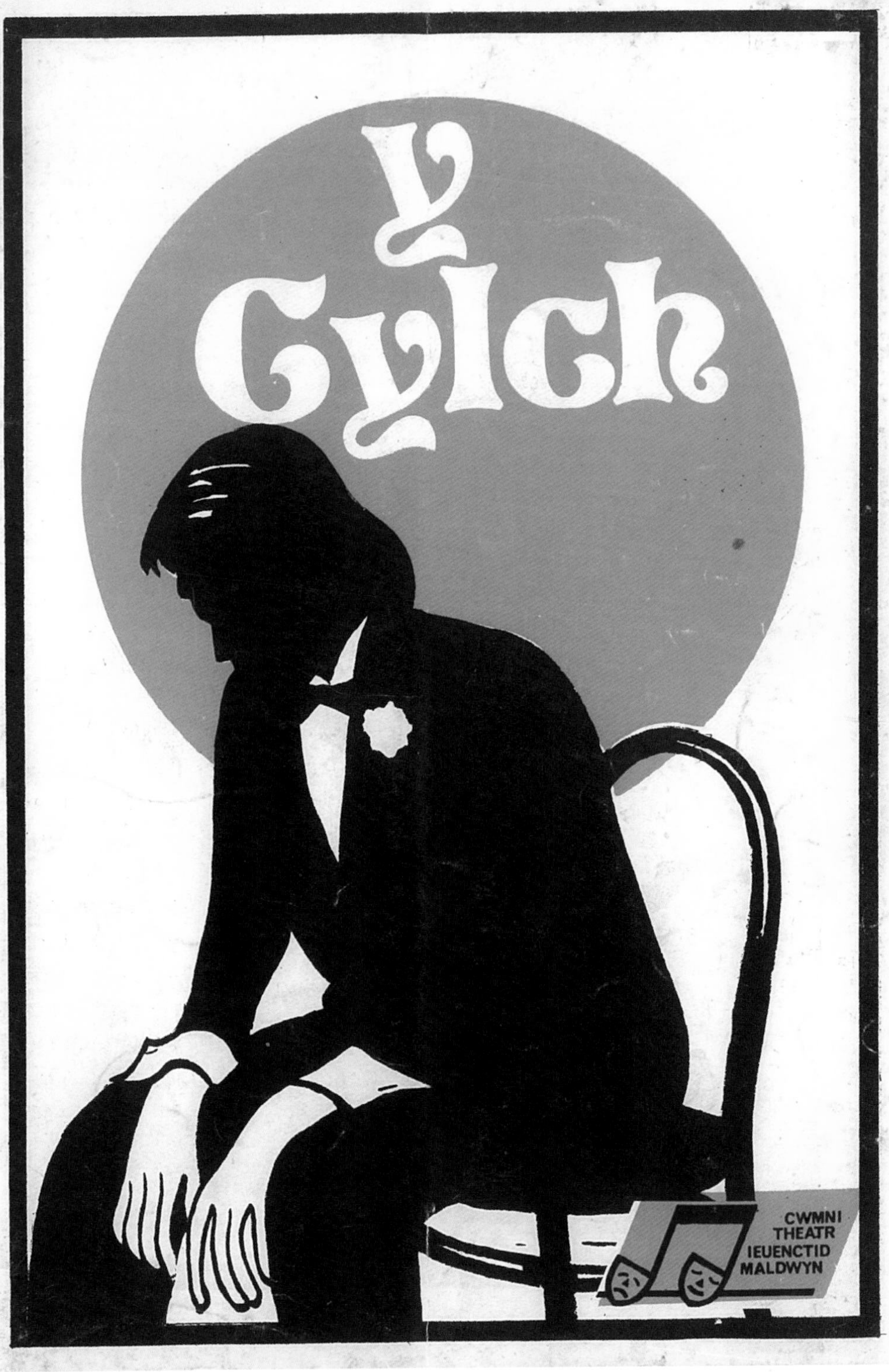
Y
Cylch
CWMNI
THEATR
IEUENCTID
MALDWYN

Yn dilyn taith *Y Mab Darogan*, bu seibiant am ryw flwyddyn cyn i Linda, Derec a minnau ddechrau meddwl am greu sioe newydd. Roedd llwyddiant y sioe gyntaf wedi creu galw cynyddol o blith yr aelodaeth am sioe arall. Lle mae rhywun yn mynd ar ôl creu sioe am un o'n prif arwyr yng Nghymru, sef Owain Glyndŵr? Teimlad y tri ohonom oedd y byddai'n rhaid i'r sioe nesaf fod yn hollol wahanol o ran testun a chynnwys. Hefyd, doedd ganddon ni ddim y cyllid cychwynnol fel a gafwyd ar gyfer *Y Mab Darogan* gan yr Eisteddfod Genedlaethol, ac mae hynny'n ffactor allweddol i gwmni amatur sydd ddim yn derbyn nawdd cyhoeddus. Yn wir, dros y blynyddoedd, bu'r cwmni'n hollol hunangynhaliol, gan ddibynnu ar lwyddiant pob sioe yn ariannol er mwyn cael digon o gyllid i gychwyn paratoi ar gyfer sioe newydd. Mae angen arian cychwynnol i dalu costau cynnal ymarferiadau, creu set a gwisgoedd ac ymhen amser medru talu costau hysbysebu. Pan nad oedden ni'n paratoi sioe ar gyfer un ai yr Eisteddfod Genedlaethol neu Eisteddfod Genedlaethol yr Urdd, byddai'n rhaid i'r holl gostau hyn ddod o gyllid y cwmni. Wrth edrych yn ôl mae rhywun yn sylweddoli y byddai un golled ariannol wedi golygu mai hynny fyddai diwedd y cwmni. Diolch i'r drefn na fu'n rhaid i ni wynebu sefyllfa o'r fath.

Yn ôl â ni felly at y sefyllfa yn 1982/3. Ceisio meddwl am bwnc y gallen ni ei ddefnyddio i ysgrifennu sioe newydd ar gyfer y Cwmni. Daethom i benderfyniad y bydden ni'n symud mor bell ag y gallen ni o'r byd hanesyddol gan greu sioe ar destun mwy modern. Fe ddewison ni gyfnod y 1920au fel man cychwyn gan obeithio y byddai'r cyfnod hwnnw yn dylanwadu ar y gerddoriaeth y bydden ni'n ei chreu ar gyfer y sioe. Mater o greu stori oedd hi wedyn, gan ei bod yn ofynnol i unrhyw sioe gerdd gael stori yn ganolog i'r cyfanwaith. Fe benderfynon ni osod y sioe mewn clwb nos ac y byddai'r stori'n troi o amgylch bywyd a chymeriadau'r clwb hwnnw. Dewiswyd yr enw *Y Cylch* ar y clwb nos gan fod ein stori ddychmygol yn mynd i droi mewn "cylch" yn hanes y cymeriadau. Clwb nos digon israddol oedd *Y Cylch* – ar yr wyneb, roedd pethau'n edrych yn weddol llewyrchus a hapus ond roedd sawl argyfwng yn codi yn y cysgodion.

Gwelir Bob, y rheolwr, mewn sawl penbleth, yn ddyledus i'r perchnogion (gangsters), poblogrwydd ei glwb yn gwanhau a seren ei sioe, Lisa, sydd hefyd yn gariad iddo, yn brysur ddod i ddiwedd ei gyrfa. Yr un sydd yn wir am y rhan fwyaf o'r cymeriadau; maent i gyd mewn rhyw fath o dwll neu "gylch" mewn bywyd. Yna, daw seren newydd, Mari, "merch ifanc yn chwilio am waith", i ddisodli Lisa fel seren y clwb a chariad newydd Bob. Nid yw dyfodol Bob yn sicr chwaith wrth i'r perchnogion roi pwysau cynyddol arno i wella sefyllfa ariannol y clwb nos. Alegori yw'r sioe hon o sut mae bywyd yn troi mewn cylchoedd.

Ym Medi 1983 dechreuodd Derec ar ei swydd newydd fel athro Mathemateg yn Ysgol y Berwyn, y Bala, ar ôl tua 10 mlynedd yn Ysgol Uwchradd Llanidloes. Bydden ni'n cyfarfod yn wythnosol o Fedi 1983 ymlaen yn Ysgol Maes y Dre, y Trallwng, lle roedd Linda'n athrawes. Yn ei hystafell ddosbarth y bydden ni'n cyfarfod, rhwng tua 4.30 a 6.30 y nos, i gyfansoddi alawon y sioe newydd hon. Ar ôl ysgrifennu "llyfr" y sioe, fe fyddai Derec a minnau'n rhannu'r golygfeydd ac yn mynd ati i ysgrifennu'r geiriau ar gyfer y caneuon. Deuai Derec â set o ddrymiau i ystafell ddosbarth Linda ac yno, gyda Linda ar y piano, Derec ar y drymiau a minnau'n canu, y llwyddon ni i greu holl ganeuon y sioe. Mae'n werth nodi ein bod yn gyffredinol yn cymryd tua dwy flynedd i greu pob sioe, tua blwyddyn i ymarfer a chynhyrchu a rhyw chwe mis o deithio'r sioe. Yn ystod y cyfnod cynhyrchu fe fydden ni'n trefnu'r daith i theatrau a neuaddau trwy Gymru.

Nerys Jones a Delyth Evans

Y CYLCH

> "Y symbyliad i set Y Cylch oedd y gair 'cylch' ei hun. Yn wir dechreuodd y cynllun ei daith fel lluniad bras ar ochr tudalen y sgript. Roedd pob rhan o'r set wedi ei seilio ar y cylch: y rhosyn ar y nenfwd, y cylch ar y cefndir, y llieiniau bwrdd a'r ffurfiau ar y llawr. Cadwyd hefyd at y syniad cychwynnol o luniad a datblygodd y set i efelychu lluniad anferth du a gwyn. Roedd set du a gwyn yn caniatáu newid yr awyrgylch ar amrantiad trwy daflu golau o wahanol liw arni. Gwnaethpwyd defnydd helaeth o wagle rhwng darnau o'r set. Cadwyd hefyd at y syniad o derfyn tonnog i dop y set fel yn y lluniad bras cychwynnol."
>
> **Gareth Owen**

Arferiad y cwmni dros y blynyddoedd fu cynnig gwrandawiadau i bawb oedd â diddordeb mewn chwarae'r rhannau unigol. Bu hyn yn ffordd deg o wneud pethau a hefyd, yn sicr, yn ffordd o greu cwmni unedig. Un o gryfderau Cwmni Theatr Maldwyn dros y blynyddoedd oedd y ffordd yr oedden ni'n trin pawb ar yr un lefel. Roedd aelodau'r Corws yr un mor bwysig â'r rhai a oedd yn chwarae'r prif rannau ac roedd disgwyl i bawb helpu clirio'r llwyfan a'r set ar ddiwedd y noson. Gan fod cymaint o bobl yn ymuno â phob cynhyrchiad, roedd yn ofynnol i ni sicrhau rôl arbennig i'r Corws. Yn achos Y Cylch, mynychwyr y clwb nos oedd y corws a'u cyfrifoldeb oedd nid yn unig canu darnau'r corws, ond creu awyrgylch hefyd. Dyma a nodwyd mewn adolygiad yn y Papur Bro Plu'r Gweunydd:

> "Un o'r golygfeydd tristaf oedd honno pan oedd y 'gangsters' yn dyrnu ac yn cicio y rheolwr ar lawr, tra roedd y cantorion yn canu am gariad a'r rheini yn hollol ddi-hid am ddim ond eu pleserau eu hunain."
>
> **Plu'r Gweunydd**

O ran castio'r sioe, rhoddwyd rhan Bob y Rheolwr i Barri Jones a fu'n chwarae rhan Y Bardd yn Y Mab Darogan, a rhan y Barman i Robin Glyn Jones a chwaraeodd ran yr Offeiriad yn y sioe flaenorol. Dewiswyd Nerys Jones i chwarae rhan Lisa a Delyth Evans i chwarae rhan Mari (merch ifanc yn chwilio am waith). Edfryn Lewis oedd yn chwarae rhan Euros, gŵr Lisa, gyda Mererid Turner, Siân Jerman a Rhian Evans yn weinyddesau, a chawsant gryn hwyl yn canu caneuon megis, "Beth yw pris cariad?" a "Cariad bydd yn addfwyn heno". Mynnai Meurwyn, ein cynhyrchydd ar y pryd, eu bod yn gwisgo sgertiau byrion a fishnet tights! Alwyn Siôn oedd Al Cabala (Mr Big, sef bòs y gangsters). Roedd o'n gorfod ymddwyn yn fygythiol tuag at Bob, ond diolch i Dduw, doedd dim gofyn iddo ganu! Un arall o'r gangsters oedd Geraint Roberts, yn ei sioe gyntaf gyda ni. Ymhen rhai blynyddoedd byddai Geraint, neu Ger Bach i ni oll, yn serennu mewn nifer o'n sioeau. Dau aelod arall o grŵp y Gangsters oedd Hywel Glyn Jones ac Ifor Richards. Bu farw Ifor yn annhymig o ifanc yn 2009. Yn dilyn y sioe hon, aeth Nerys ymlaen i Goleg Cerdd i'w hyfforddi'n gantores opera. Bu'n canu gyda chwmnïau opera megis ENO (English National Opera) a Chwmni Opera'r Alban am rai blynyddoedd ym Mhrydain a gwledydd eraill. Bellach mae hi'n byw yn Seattle yn yr Unol Daleithiau ac wedi ailafael yn ei gyrfa gyda Seattle Opera.

"Y Cylch ... cyfle i gael rhan fwy canolog yn y sioe ac wrth fy modd ym mhob perfformiad yn canu'r gân fendigedig 'Cofio'. Fe roddodd Huw Jones (Teledu Tir Glas) gyfle i mi ganu ar ambell raglen fel gwestai ar ôl clywed fi'n canu efo'r Cwmni. Allan o hyn daeth y cyfle i ganu ar Cân i Gymru a rhaglen fy hun Yng Nghwmni Nerys Jones.

Penderfynu mynd i'r coleg: coleg cerdd a drama yn Glasgow ... Royal Scottish Academy of Music and Drama yn 1984 ac yn ffodus cael cychwyn cytundeb hefo English National Opera yn 1994–2000.

Mae 'na le arbennig yn fy nghalon tuag at deulu Cwmni Theatr Maldwyn ac am y dylanwad a gafodd yr amser ar fy ngyrfa."

Nerys Jones

Fel gyda phob un o'n sioeau ni dros y blynyddoedd, bu'r band yn rhan annatod o'n cynyrchiadau gyda'r aelodaeth yn amrywio o sioe i sioe. Gyda sioe *Y Cylch*, cafodd y Band ei leoli ar y llwyfan gan ei fod o'n rhan ganolog o'r sioe – sef band y clwb nos. Yr unig aelod a fu'n gyson ym mhob sioe oedd Linda wrth gwrs, a bu'r Cwmni'n hynod o ffodus o elwa o'i dawn nid yn unig fel cyfeilydd, ond hefyd fel Cyfarwyddwr Cerdd y Cwmni. Linda fyddai'n trefnu'r caneuon i leisiau ac mae ei threfniannau yn gwbl wefreiddiol ac yn dal yn boblogaidd hyd heddiw gyda grwpiau a chorau. Nid yn unig y mae aelodau'r band yn cael arweiniad clir ganddi, ond maent hefyd yn cael llawer o hwyl yn ei chwmni. Ar gyfer sioe *Y Cylch* yr aelodau eraill oedd Lydia Griffith ar yr allweddellau, Irfon Davies ar y gitâr fas, Derec ar y drymiau a John Evans (John Basŵn) ar y chwythbrennau. Roedd John yn gallu chwarae'r clarinét a'r sacsoffon ac roedd sain yr offerynnau hyn yn rhoi naws wahanol a chwbl unigryw i ganeuon y sioe hon. Sarah Rigg oedd yn gyfrifol am y symudiadau, Marian Edwards am y gwisgoedd, Magi Vaughan am y colur, Gareth Owen am gynllunio'r set, John Roberts fel saer a Jon Savage yng ngofal y golau unwaith eto.

"Ar ôl dychwelyd adre wedi trafaelio America am chwe mis yn 1982, roeddwn yn sefyll ar Stryd Fawr y Bala yn cael sgwrs efo Gwyn Awen Meirion pan ddaeth y dyn diarth yma ata'i a gofyn, 'Ti'n gallu canu yn dwyt?' 'Mi fedra'i gadw rhyw fath o diwn,' medde finne. 'Sgen ti awydd ymuno â Chwmni Theatr Ieuenctid Maldwyn?' Doedd gen i ddim syniad be oedd ganddo dan sylw, ond fe eglurodd fwy i mi am y Cwmni. Digwyddais daro ar Ifor wedyn a threfnu i fynd amdani ac ymuno â'r Cwmni. Y Cylch, dyna'r cynhyrchiad cyntaf i mi gymryd rhan ynddo; cofio eistedd yn Glantwymyn y noson gyntaf a meddwl pwy oedd y bobl yn sefyll o'n blaenau, un yn debyg i Harpo Marx a'r llall i Jimmy Hill. Doedd yna ddim gwrandawiadau i mi wybod amdanynt. Bu Hywel, Ifor a finne ddigon ffodus o gael rhan yr 'Heavies' bygythiol i Al Sur er nad oedd yr un ohonom dros ddeg stôn a hanner! Roedd hwyl i'w gael gyda'r gwin ffug a Barri'n erfyn arna'i ym mhob perfformiad i beidio bod yn rhy egar arno yn yr olygfa lle yr oedd rhaid i mi ei daro yn ei stumog. Yn aml roedd Barri wedi plygu yn ddau cyn i mi godi fy mraich – gor-actio neu be? Mi wnaethpwyd tâp o'r Cylch i'w werthu a recordiwyd y rhannau unigol yng nghefn llwyfan Ysgol y Berwyn. Mi gefais alwad ffôn yn gynnar ryw fore Sadwrn gan Derec. 'Mae Edfryn yn methu dod i recordio ei gân, y gân olaf ar y tâp.' Fe atebais, 'Dwi isio mynd i Langefni i chwarae rygbi am un ar ddeg.' 'O mi wnawn ni o,' meddai Derec, a dyna a fu."

Geraint Roberts

55

Cymeriad tawel a dyfeisgar ydoedd Jon Savage. Derbyniodd hyfforddiant fel technegydd golau gyda Chwmni Brenhinol Shakespeare yn Stratford Upon Avon ac yn sicr gallai o ran dawn fod wedi parhau i weithio gyda chwmnïau proffesiynol. Ond roedd galwad y Canolbarth yn gryf efo Jon ac er nad oedd yn siarad Cymraeg, fe fu'n rhan bwysig iawn o Gwmni Theatr Maldwyn o'r cychwyn. Gan ei fod yn gweithio fel technegydd i Gyngor Sir Powys a Meurwyn Thomas yn rheolwr arno, unwaith eto, trwy ddyfeisgarwch Meurwyn, daeth y mantais o hynny yn fantais i Gwmni Theatr Maldwyn. Dyddiau gwahanol oedd y rheini wrth gwrs lle roedd yna hyblygrwydd yn y system. Heddiw, mae'n debyg y byddai'n rhaid i ni lenwi sawl ffurflen ac asesiad risg cyn i ni fedru derbyn cymorth rhywun sy'n gweithio i unrhyw Gyngor Sir. Bu farw Jon rai blynyddoedd yn ôl a hynny'n llawer rhy ifanc. Cofiwn am ei ymroddiad a'i arbenigedd – roedd yn giamstar ar ei gyfrwng, yn hollol greadigol ac ar yr un donfedd â ni. Yn 2014, collwyd aelod arall o'r Cwmni, Wyn John, a fu'n aelod gwerthfawr o gast *Y Mab Darogan* a'r *Cylch*. Un a fagwyd i deulu Cymraeg yn ninas Lerpwl ydoedd Wyn ac roedd o'n Gymro i'r carn, yn ogystal â bod yn rhan annatod o'r Cwmni yn y blynyddoedd cynnar.

Yn ystod sioe *Y Cylch*, fe ymunodd merch ifanc, Ann Thomas, â'r Cwmni. Ymhen ychydig iawn o amser fe'i bachwyd gan Derec, ac yn fuan iawn wedi hynny, fe briododd y ddau yn Aberteifi. Priodas arall a ddeilliodd o asiantaeth garwriaethol Cwmni Theatr Maldwyn!

Dyma gychwyn ein perthynas gyda chwmni PA Rhad. Bu Emyr Lloyd ac Elwyn Rowlands ac unigolion eraill o'r un cwmni yn broffesiynol iawn o ran creu ansawdd a chysondeb sain ar gyfer ein holl berfformiadau. Nid tasg hawdd oedd hynny, gan fod Derec, Linda a minnau yn gallu bod yn eitha demanding o ran cael cydbwysedd rhwng y canu a'r band. Dwi'n siwr ein bod ni wedi gwylltio Emyr ac Elwyn droeon, ac wedi bod yn anghwrtais, hyd yn

oed, yng ngwres y foment. Ond roedden ni bob amser yn gwerthfawrogi eu gwaith o'r dyddiau cynnar hyd heddiw.

> *"Sioe Y Cylch Theatr Hafren – Cwmni Sain Parhad: Emyr, Elwyn, Ywain Myfyr, Robin Elias.*
>
> *Ywain a Robin wedi mynd ymlaen i Drenewydd gyda car. Emyr, Elwyn ac Arwel Llanuwchllyn yn dod gyda ni i helpu a chychwyn braidd yn hwyr gyda'r fan P.A. Penderfynu troi yn Mallwyd a mynd i'r Drenewydd trwy'r Trallwng. Camgymeriad mawr!! Cyrraedd y Theatr tri chwarter awr cyn i'r sioe ddechrau (Panic Mawr). Y sioe i fod i ddechrau am 7.30, finnau yn dal i osod meics i fyny am 7.40.*
>
> *Derec a Penri yn dechrau'r sioe a finna ar fy mhenna gliniau yn dengid o'r llwyfan."*
>
> **Emyr Lloyd**

Yn wahanol i'r *Mab Darogan*, doedd ganddon ni ddim Eisteddfod Genedlaethol i lansio'r sioe, a thrwy hynny elwa o unrhyw gyhoeddusrwydd cyn mynd â'r cynhyrchiad ar daith. Er hynny, bu'n daith lwyddiannus dros ben, gan lansio'r cyfan yn Theatr Hafren y Drenewydd. Bu perfformiadau mewn sawl theatr gan gynnwys Theatr y Werin yn Aberystwyth a Theatr Crymych, Theatr Felinfach, Ysgol y Berwyn, y Bala ac Ysgol y Gader, Dolgellau. Yn dilyn perfformiad yn Theatr Gwynedd, Bangor, fe gafwyd adroddiad ym mhapur y *Daily Post* gan Roy Owen:

"It is not often that a musical inspires a pulsating kind of joy and sadness that is close to tears. Such a one is Y Cylch *(The Circle), presented for one night only, unfortunately, at Bangor on Saturday by Cwmni Theatr Ieuenctid Maldwyn.*

Y Cylch is a musical and an emotional treat. I have seen nothing like it in Welsh, or in English come to that."

Yn anffodus ni recordiwyd y sioe gyfan ar gyfer y teledu, ond fe recordiwyd rhyw dair cân gan Gwmni'r Tir Glas yn Llandudno ym mis Chwefror 1985 fel rhan o un o raglenni'r cwmni ar gyfer S4C.

Yng Ngorffennaf 1984, fe recordiwyd casét o ganeuon *Y Cylch* ar lwyfan Neuadd Ysgol y Berwyn. Mae'r caneuon hyn bellach ar y gwefannau cymdeithasol megis YouTube a Spotify. Dylan Baines a fu'n gyfrifol am y recordiad hwn.

Cwmni Theatr Ieuenctid Maldwyn

yn cyflwyno

Y CYLCH

**Geiriau a'r Gerddoriaeth gan
Linda Mills, Dafydd Penri Roberts a Derec Williams**

Lisa	Nerys Jones
Bob	Barrie Jones
Mari	Delyth Evans
Jác	Robin Glyn Jones
Euros	Edfryn Lewis
Gweinyddesau	Rhian Lloyd Evans, Sian Jarman, Mererid Lloyd Turner
Al Cabala	Alwyn Jones
Y Giangstars	Hywel Glyn

Y CORWS

Rhys Bleddyn, Jacqueline Edwards, Huw Ellis, Eleri Evans, Catrin Fychan, Wyn John, Meri Rhiannon Jones, Peter Jones, Sali Ann Jones, Arwel Jones, Sioned Jones, Bethan Lloyd, Margaret Lewis, Mair Lewis, Ann Owen, Rhian Mai Rees, Elin Mai Rees, Ann Rees, Helen Taylor, Ann Thomas, Ann O. Williams, Meinir Williams.

Piano	Linda Mills
Allweddellau	Lydia Griffith
Gitar Fâs	Irfon Davies
Drymiau	Derec Williams
Chwythbrennau	John Evans
Ymghynghorydd Dawns	Sarah Rigg
Gwisgoedd	Marian Edwards
Coluro	Magi Vaughan
Saer	John Roberts
Golau	Jonathan Savage
Sain	P. A. Rhad

Cynllunydd	Gareth Owen
Gweinyddwr	Edward Harris
Cynorthwywr Gweinyddol	Margaret Lewis

Trefniant Cerddorol	Linda Mills
Cynhyrchydd	Derec Williams
CYFARWYDDWR	MEURWYN THOMAS

PENNOD PEDWAR

Y LLEW A'R DDRAIG

PENNOD PUMP

PUM DIWRNOD O RYDDID

PUMP DIWRNOD O RYDDID

gan DEREC WILLIAMS, LINDA MILLS, PENRI ROBERTS.

CWMNI
THEATR
IEUENCTID
MALDWYN

"Cofio eistedd yn Theatr Hafren y Drenewydd ym mis Mai 1988 i weld perfformiad o Pum Diwrnod o Ryddid gan Gwmni Theatr Maldwyn a chael fy nghyfareddu yn llwyr. Fel un oedd wedi cystadlu yn llwyddiannus am flynyddoedd gyda chaneuon actol yn eisteddfodau'r Urdd, mynychu a mwynhau gweld sioeau cerdd yn Llundain, roeddwn yn methu credu yr hyn a welais, sef sioe broffesiynol gan griw o bobl ifanc disgybledig yn perfformio yn y Gymraeg. Anghofia'i byth y perfformiad hwnnw a seriwyd ar fy meddwl a phan ddaeth cyfle maes o law i ddod i weithio gyda'r triawd, Penri, Derec a Linda, teimlwn hi yn fraint."

Hywel Wyn Edwards
(Cyn Drefnydd
Yr Eisteddfod Genedlaethol)

Wrth i'r penderfyniad gael ei gyhoeddi yn 1986 i gynnal Eisteddfod Genedlaethol yr Urdd ym Maldwyn yn 1988, fe gawsom ni wahoddiad i greu sioe gerdd newydd ar gyfer yr achlysur. Gan mai yn y Drenewydd yn Nyffryn Hafren y byddai lleoliad yr Eisteddfod, mae'n debyg bod yna gyfrifoldeb arnom i chwilio am destun cymharol leol. Gwyddem fod gwrthryfel y Siartwyr yn Llanidloes yn 1839 yn mynd i fod yn destun dathlu 150 mlynedd yn 1989 a gwyddem hefyd fod ardal y Drenewydd yn rhan fawr o'r protestiadau a arweiniodd at y gwrthryfel. Ac felly y bu.

Seiliwyd y sioe ar ddigwyddiadau cymdeithasol a gwleidyddol ac ar gymeriadau go iawn. Yn 1839, gwelwyd y chwyldro cyntaf gan y dosbarth gweithiol ym Mhrydain. Lansiwyd y siarter yn gofyn am hawliau i'r gweithwyr yn 1837 ac fe gafodd groeso brwdfrydig gan weithwyr ym mhobman. Crisialwyd holl obeithion a dymuniadau'r werin yng ngofynion y Siarter. O ystyried mai 16 miliwn o bobl oedd poblogaeth Prydain Fawr ar y pryd, mae'n arwyddocaol fod dros 3 miliwn o ddynion wedi arwyddo'r Siarter. Dyma ofynion y Siarter:

1. Pleidlais i bob dyn dros 21 oed
2. Pleidlais gudd
3. Nid cyfoeth ac eiddo yw sail aelodaeth seneddol
4. Aelodau Seneddol cyflogedig
5. Etholaethau cyfartal
6. Etholiadau blynyddol

Rhaid cofio mae'r unig rai a gawsai bleidleisio mewn etholiad cyffredinol yr adeg hyn oedd perchnogion tir a diwydiant a pherchnogion eiddo gwahanol a thenantiaid ffermydd. Nid oedd y fath beth â phleidlais gudd yn bodoli a byddai pob pleidlais yn cael ei fwrw o dan drwyn yr aelod presennol. Roedd pwysau aruthrol ar ffermwyr ac ati i fwrw eu pleidlais i'r prif dirfeddianwyr, neu fe allent ddioddef yn enbyd o beidio â gwneud hynny. Roedd y Siarter yn sicr yn chwyldroadol yn yr hyn a fynnai a bu gweithredoedd y mudiad chwyldroadol hwn yn ysbrydoliaeth, maes o law, i gewri megis Marx ac Engels. Rhaid hefyd ystyried cyd-destun y chwyldro hwn – cwta deugain mlynedd fu ers y Chwyldro Ffrengig a welodd y fath gynnwrf ac a welodd ddisodli'r Frenhiniaeth a'r haen o gymdeithas a fu'n llywodraethu'r wlad honno. O ran yr holl newidiadau trawiadol hyn, gellir yn hawdd ddeall ofnau'r Llywodraeth a'r holl haenau o gymdeithas a fyddai'n colli grym, pe gwireddid amcanion y Siartwyr.

Tyfodd y gefnogaeth i amcanion y Siarter, a bu nifer o gyfarfodydd cyhoeddus yn nhref Llanidloes, gyda'r rhan fwyaf o'r cyfarfodydd hyn yn cael eu cynnal yn yr awyr agored, ger Porth Hafren a'r Bont Hir. Deuai cannoedd, os nad miloedd, i'r cyfarfodydd i wrando ar rai o arweinwyr cenedlaethol y mudiad. Byddai grwpiau bach hefyd yn cyfarfod i drafod tactegau yn rhai o dafarndai'r dref. Mae placiau ar waliau'r Llew Coch a Thafarn yr Angel heddiw'n dynodi lleoliadau rhai o'r

cyfarfodydd hyn. Mae'n rhaid ystyried hefyd beth oedd cyflwr y werin bobl, gweithwyr y melinau gwlân a'r gweision ffermydd. Yn aml, byddai gweithwyr y melinau gwlân yn derbyn cyflogau isel, ac yn cael eu talu â thalebau'r cwmni. Gan y byddent wedyn yn gorfod gwario'r talebau hynny mewn siopau a berthynai i berchnogion y melinau, roeddynt yn hollol gaeth i'r system a fodolai. Caethweision mewn gwirionedd oeddynt felly, heb unrhyw fath o ryddid i wella'u hamodau byw. Does ryfedd fod y gobeithion a gynigiai'r Siarter mor boblogaidd yn Llanidloes.

Gosodwyd amodau'r Siarter ger bron y Senedd yn Llundain ond gwrthodwyd pob un. Wedi'r gwrthod daeth yr arweinwyr cenedlaethol ynghyd i geisio penderfynu strategaeth y mudiad. Ni lwyddwyd i roi arweiniad i'r gweithwyr ac ni welwyd unrhyw weithredu tactegol gan y mudiad yn ei gyfanrwydd. Dim ond yng Nghymru y gwelwyd gwrthdaro uniongyrchol a hynny yn Llanidloes a Chasnewydd yn 1839. Wrth i'r cyfarfodydd torfol yn nhref Llanidloes gynyddu a phoethi, poenai'r awdurdodau lleol y gallai'r cynnwrf hwn greu anarchiaeth yn y dref. Gan ofni hynny, anfonwyd am gymorth heddweision o Lundain i geisio sicrhau cyfraith a threfn. Canlyniad hynny fu arestio tri o'r arweinwyr lleol yn dilyn un o'r cyfarfodydd cyhoeddus a'u carcharu yng Ngwesty'r

Trewythen yn Stryd y Dderwen Fawr. Pan glywodd y dorf am y digwyddiad hwn, bu ymateb greddfol wrth iddynt ymosod ar y gwesty, malu ffenestri a drysau, a rhyddhau y tri a arestiwyd. Anafwyd un o'r heddweision yn ddifrifol yn y sgarmes ac fe achoswyd difrod mawr yn y Trewythen. Dihangodd y plismyn, a'r Siartwyr a fu'n rheoli'r dref am bum niwrnod – felly y daeth yr enw ar gyfer ein sioe ni, *Pum Diwrnod o Ryddid*.

Llythyr T.E. Marsh yn gofyn am gymorth y milwyr

Roedd T.E. Marsh, cyn faer y dref, yn allweddol iawn yn yr hyn a ddigwyddodd nesaf. Ef a alwodd am gymorth gan y milwyr i wrthsefyll y Siartwyr. Cred rhai ei fod wedi twyllo'r Siartwyr, gan roi'r argraff ar un adeg ei fod yn cydymdeimlo ag amcanion y mudiad.

Llwyddodd y Siartwyr i reoli'r dref am bum niwrnod ond yna, wedi'r newydd fod y milwyr ar y ffordd, dihangodd arweinwyr y mudiad. Aethant i guddio mewn ffermydd bychain yng nghanol y wlad. Yn fuan, cyhoeddwyd y poster hwn yn cynnig gwobr i'r sawl a fedrai

ddisgynnai i ddwylo'r Comisiynydd a feddai ar yr awdurdod i'w hanfon i'r wyrcws. Yn nghyd-destun y sioe *Pum Diwrnod o Ryddid*, y Wyrcws yng Nghaersws oedd targed y gweithwyr.

Methiant fu'r gwrthdaro hwn yn Llanidloes oherwydd roedd cyfalafiaeth yn orchfygol. Roedd y dosbarth gweithiol yn rhy anaeddfed eu tactegaeth, yn rhy ansicr o'u hathroniaeth wleidyddol. Er hynny, fe heuwyd yr hadau a gwelwyd ffrwythau'r aberth yn y genhedlaeth nesaf. Dim ond 'pum diwrnod o ryddid' a gafwyd yn Llanidloes, ond gadawyd y blas am ryddid yng nghalonnau'r werin am byth.

A dyna gefndir y sioe *Pum Diwrnod o Ryddid*. Buom yn ymchwilio i'r hanes am dros flwyddyn, cyn ysgrifennu gair o'r *libretto*, yn trafod siâp a chronoleg y sioe. Arferiad y tri ohonom erbyn hyn fyddai cyfarfod yn wythnosol gyda'r nos i drafod popeth dan haul ynglŷn â'r cynhyrchiad. Ar ôl ysgrifennu'r 'llyfr', sef casgliad o olygfeydd a'u cynnwys,

byddai Derec a minnau'n mynd ati i ysgrifennu gwahanol rannau, cyn cyfarfod â Linda i drafod a chreu alawon. Yna, byddai Linda wrthi'n trefnu i leisiau – erbyn hyn, fe fyddai hi, ar ôl bod yn rhan o'r trafodaethau eang, yn ymwybodol o 'deimlad' y gwahanol rannau. Fel hyn y byddai ein sioeau yn tyfu a datblygu. Yn ystod y sioe hon y datblygodd ein sgiliau o ddod a gwahanol alawon yn ôl i mewn i wahanol rannau o'r sioe. Cyfres o ganeuon fu *Y Mab Darogan* a'r *Cylch* ond newidiwyd ein harddull gyda *Pum Diwrnod o Ryddid* gan sicrhau ei bod hi'n sioe fwy cyflawn gyda'r golygfeydd yn llifo'n well. Fe ddywedwn i yn bendant mai gyda'r sioe hon y llwyddon ni i greu sioe gerdd go iawn am y tro cyntaf yn ein hanes – saith mlynedd ar ôl ein hymdrech cyntaf yn 1981!

Unwaith eto, roedd ganddon ni dîm cynhyrchu rhagorol, gyda Medi James yn gyfrifol am y gwisgoedd a Gareth Owen yn cynllunio'r set:

> *Ni all 'run brenin na senedd na byddin a'i grym,*
> *Fyth ddiffodd y fflamau ddechreuwyd fan hyn.*
> *Parhau fydd y frwydr am mai hyn sydd i fod,*
> *Y wawr sydd ar dorri – rhyddid sydd ar ddod.*
>
> **Muriau moel** (cân olaf y sioe)
> **Richard Jerman (Barri Jones)**

"Un o brif atyniadau'r theatr i mi yw ei fod yn fan cyfarfod i'r holl gelfyddydau – celfyddyd yr actor, celfyddyd y cyfarwyddwr, celfyddyd yr awdur a'r sgriptiwr ac, yn achos dramâu cerdd, celfyddyd y cerddor a'r bardd, a'r olaf ond nid y lleiaf, celfyddyd yr artist a'r cynllunydd a'r gelfyddyd honno wedi'i rhannu'n is-adrannau – y set, y golau a'r gwisgoedd.

Roedd cyrraedd y theatr ben bore a cherdded ar y llwyfan gwag heb ochrau iddo yn brofiad cynhyrfus iawn. Mae rhyw arogl arbennig iawn i theatrau gwag: rhyw gyfuniad o arogleuon trydanol, y llenni du trwchus ac effeithiau rhew sych y sioeau blaenorol fel pe baent yn parhau i hofran yn yr awyr. Hogia'r set, y golau a'r sain oedd y cyntaf i mewn a'r olaf allan, fel yr hoffem atgoffa aelodau eraill y cwmni'n aml. Gallwn fod yn hollol dawel fy meddwl y byddai Arwyn Tisa yn cyrraedd unrhyw funud gyda'i drelar a'r set wedi ei gosod arno dan darpwlin enfawr i'w harbed rhag pob tywydd. Roedd yn drelar arbennig o hir wedi ei wneud o shasi hen garafán. Mae'n siŵr fod ei lwythi wedi troi ambell i ben wrth iddynt deithio ar lonydd cefn Sir Drefaldwyn yn oriau mân y bore oherwydd roedd yn ymdebygu i 'cruise missile'.

Yn Tisa, cartref Arwyn uwchben Llanfair Caereinion, y storiwyd y setiau rhwng y sioeau, a gallwn yn hawdd ei ddychmygu'n cychwyn oddi yno ben bore gan y bûm yno lawer gwaith yn addasu rhyw set neu'i gilydd. Roedd croeso cynnes Cymreig i'w gael yn Tisa bob amser, gydag Emlyn tad Arwyn yn dangos diddordeb mawr yn y gweithgareddau a Llinos ei fam yn paratoi'r gacen sponge. Tybiais unwaith wrth ymadael i mi weld yng nghornel fy llygad ddarn o set 'Pum diwrnod o Ryddid' yn llenwi bwlch mewn clawdd – dyna beth oedd ailgylchu.

Cysur arall i mi wrth gyrraedd y theatr oedd gwybod bod fy nghyfaill o saer, Alun Williams, yn y cefnau'n gwisgo'i wasgod dal offer yn barod i godi'r set gyda'i 'seidcic' John Hughes Jones wrth ei ochr. Roedd meddwl ymarferol a threfnus Alun i ddatrys problemau wrth addasu'r set i wahanol leoliadau yn amhrisiadwy – wedi'r cwbwl, dim ond artist oeddwn i. Ef hefyd oedd adeiladydd y set ac roedd ganddom ddealltwriaeth ryfedd. Gallai ddehongli fy nghynlluniau a gwireddu fy syniadau i'r dim. Roedd hyn yn fwy o syndod fyth gan na ellid disgrifio fy nghynlluniau fel lluniadau technegol o bell ffordd.

Roeddwn yn mwynhau'r gwaith o gario darnau o'r set i'r llwyfan a'i gweld yn dod yn fyw o flaen fy llygaid. Roedd y cyferbyniad rhwng y darnau marw o bren oedd ar drelar Arwyn neu fan Alun a'r bywyd oedd yn eu meddiannu pan oedd y goleuadau a phopeth yn eu lle ar y llwyfan bob amser yn fy nghyfareddu.

Roedd yn rhaid, wrth gwrs, gadw llygad ar y costau – wedi'r cyfan, o safbwynt ariannol, cwmni amatur oedd Cwmni Theatr Ieuenctid Maldwyn, ond cwmni oedd yn arddel safonau proffesiynol fel y tystiodd Cymru benbaladr. ... Er hynny roedd yr elfen gyllidol gyfyng, y ffaith fod yn rhaid i'r cyfan i gael ei gludo ar drelar Arwyn neu yn fan Alun, a bod ond ychydig oriau i'w chodi, yn ychwanegu at sialens y cynllunio."

Gareth Owen
(Rhyw LUN o Hunangofiant)

"Symbylwyd cynllun y set gan bensaernïaeth ddu a gwyn canolbarth Cymru ac yn fwyaf arbennig Neuadd y Farchnad yng nghanol tref Llanidloes. Ar wahân i greu naws yr ardal a'r cyfnod roedd y set yn ffordd ymarferol o greu balconi o gryn uchder. Roedd y strwythur agored, gyda lliain rhwyllog yn llenwi'r bylchau, yn ei gwneud hi'n bosibl newid lliw'r cefndir gan wneud y set yn dryloyw neu'n solet gyda chyfeiriad y golau."

Gareth Owen
(Rhyw LUN o Hunangofiant)

O ran castio'r prif rannau yn y sioe, daeth yn arferiad i ni gynnal gwrandawiadau agored gan roi'r cyfle i unrhyw aelod o'r cast ymgeisio. Roedd pob gwrandawiad yn achlysur ynddo'i hun gyda brwdfrydedd yr aelodau yn heintus a chanmoladwy. Credaf yn gryf fod y dull hwn o roi cyfle teg i bawb yn atgyfnerthu'r syniad o 'Gwmni', ac felly y bu yn ein hanes ni. Pan fyddem yn cyhoeddi pwy fyddai'n chwarae'r prif rannau, byddai pawb yn eu llongyfarch gan greu undod arbennig iawn. Yn sicr, roedd y ffordd hyn o weithredu yn gwbl agored ac yn gyfrifol am greu Cwmni a oedd yn wirioneddol hapus yng nghwmni ei gilydd.

Roedd yna ddau grŵp gwahanol iawn o ran y cast yn y sioe. Y gweithwyr oedd y prif grŵp, ac allan o'r grŵp hwn y daeth arweinwyr y gwrthryfel a chymeriadau mwy ymylol. Yr ail grŵp oedd y Bonedd, a gynhwysai'r cyn-Faer

T.E. Marsh a'r offeiriaid, ynghyd â'r uchelwyr a pherchnogion y melinau gwlân. Gwrthdaro fu'n rhan ganolog o'r sioe rhwng y naill grŵp a'r llall. Fel y dywedais eisioes, roedden ni wedi portreadu'r Bonedd fel rhyw fath o *caricatures* ac roedd ymarweddiad y grŵp hwn drwy'r cynhyrchiad yn unol â'r arddull hynny, o'u canu i'w symudiadau/dawns. Fe lwyddodd ein hymgynghorydd dawns, Shirley Stansfield, i gyfleu arddull arbennig i symudiadau'r grŵp hwn a oedd yn cyferbynnu â symudiadau mwy ymosodol grŵp y gweithwyr. O bawb a welodd y sioe yn fyw, neu ar y teledu, pwy all anghofio'r gic a ddefnyddia Arwyn Tŷ Isa wrth ddawnsio'r gân "Dewch i mewn foneddigion yr ardal a'r Sir"? O rywun a oedd yn werinwr go iawn, fe lwyddodd Arwyn i fabwysiadu arddull bonheddwr!

Yn rhan o grŵp y Bonedd roedd cyn-Faer y Dref, T.E. Marsh, ac fe gafodd Glandon Lewis hwyl arbennig wrth chwarae'r cymeriad dichellgar hwn, gyda'i lais bas cyfoethog. Fel rhan o'n rhyddid celfyddydol, fe wnaethon ni greu cymeriad morwyn i Marsh. Siân Eirian Huws a chwaraeodd ran Marged, fel merch ifanc a gafodd ei thrin yn wael gan Marsh ac a oedd yn gyfangwbl o dan ei reolaeth, nes iddi wrthod ei ddyheadau rhywiol tuag ati, a hithau o'r herwydd yn cael ei thaflu allan o'i gartref moethus.

O ran grŵp y gweithwyr, y ddau brif gymeriad gwryw, sef James Morris (Geraint Roberts) a Richard Jerman (Barri Jones) oedd arweinwyr y Siartwyr yn Llanidloes. Roedd y ddau yn gymeriadau tra gwahanol. Un gwyllt, byrbwyll ydoedd James Morris – ef a gafodd y gosb fwyaf yn y pen draw, oherwydd iddo gael ei ddal yn gyfrifol am anafu plismon adeg yr ymosodiad ar Westy'r Trewythen. Yn ein sioe ni, ef a oedd yn galw am ymosod ar y

Wyrcws yng Nghaersws ac roedd o'n amlwg yn medru tanio cynulleidfa. Cymeriad tawelach, mwy meddylgar a phwyllog oedd Richard Jerman, dyn a gredai y gallai protestio heddychlon gario'r dydd ac nad oedd yn hapus o gwbl i dderbyn ymosodiad treisgar. Erbyn tua hanner ffordd drwy'r sioe, wrth weld y Siarter yn cael ei gwrthod gan y Senedd yn Llundain, daw James Morris a Richard Jerman yn gytûn o ran eu hymateb. Yn sicr ddigon, bu perfformiadau Geraint a Barri o'r safon uchaf yn y cynhyrchiad hwn.

Ann Williams (Delyth Evans/Annwen Roberts) oedd Tafarnwraig yr Angel, lle y byddai grwpiau o'r Siartwyr yn cyfarfod, a'i merch hi Ruth (Catrin Fychan) oedd cariad James Morris. Rhaid cyfaddef mai ni a greodd y 'cariad' hwnnw rhwng y ddau, gan nad oes tystiolaeth fod y fath berthynas yn bodoli. Roedd creu'r berthynas hon, o ran rhyddid celfyddydol, yn ychwanegu at dyndra emosiynol y diweddglo, wrth i James Morris gael ei ddal gan y milwyr; gwyddent ill dau y byddai ei gosb enfawr yn golygu diwedd ar eu perthynas. Gweithiai cymeriadau Jerman, James Morris, Marged a Ruth yn dda fel pedwarawd o fewn y gwahanol olygfeydd ac yn sicr roedd perfformiadau'r prif gymeriadau hyn yn allweddol o ran llwyddiant y sioe. Dau gymeriad arall allweddol ydoedd Abraham Owen (Gareth Dafydd), cyn-filwr a chanwr corn a alwai'r gweithwyr ynghyd i'r cyfarfodydd, ac a anfonwyd i Awstralia am gyfnod o saith mlynedd o alltudiaeth, a Thomas Morgan (Ifan Francis) y Comisiynydd,

gŵr a feddai'r hawl i anfon teuluoedd i'r Wyrcws, a gŵr hynod o amhoblogaidd fel y gellir dychmygu. Roedd yna giang o ffrindiau James Morris a weithredai fel pwyllgor bach a fu'n cyfarfod yn Nhafarn yr Angel: John Ingram (David Bauld), Lewis Humphreys (Robin Glyn Jones), John Lewis (Elwyn Rowlands) ac Elisabeth Lucas (Rhian Mason). Roedd y grŵp hyn yn help i gorddi'r emosiynau gyda darnau megis:

"Mae wedi mynd i'r diawl,
Mae wedi mynd rhy bell,
Ers talwm roedd hi'n nefoedd wir,
Oedd, roedd pethau'n llawer gwell."

Fel y dywedais eisioes, seiliwyd y sioe *Pum Diwrnod o Ryddid* ar ddigwyddiadau go iawn ac ar bobl o gig a gwaed. Yn wir, mae disgynyddion rhai o'r teuluoedd a enwir yn y sioe yn dal i fyw yn nhref Llanidloes ac er fod yna rai placiau glas yn nodi Gwrthryfel y Siartwyr ar wahanol adeiladau yn y dref, credaf y dylai'r arwyr hyn gael rhyw fath o gofadail teilwng. Dyma'r bobl a greodd hanes, a heriodd y drefn ac a gosbwyd yn hallt; dyma'r bobl a lwyddodd trwy eu haberth i newid y drefn ymhen hanner can mlynedd.

Pam na allwn ni fel cenedl ddathlu'n haeddiannol bobl fel hyn, gwerinwyr a fentrodd popeth er mwyn gwella amgylchiadau'r bobl gyffredin? Defnyddiwn ormod o amser ac adnoddau ar ddathlu hanes ein cestyll ac yn enwedig y cestyll hynny a fu'n gyfrifol am ein darostyngiad.

Yn y band y tro hwn, Linda a fu'n gweithredu fel Cyfarwyddwr Cerdd ac yn chwarae'r piano, Elfed ap Gomer ar y gitâr fas, Dylan Baines ar y gitâr flaen, Geoffrey 'Jiff' Jones ar yr allweddellau a Siôn Llewelyn ar y drymiau. Gan fod hon yn sioe gerdd *sing through* roedd y band yn hollol allweddol, gan eu bod yn chwarae/cyfeilio drwy'r perfformiad cyfan. Gydol y blynyddoedd, fe'n bendithiwyd â cherddorion disglair a ffyddlon. Fel cwmni amatur, ni allem gynnig rhyw lawer o dâl iddynt am eu gwaith ac yn sicr ni allem gynnig taliadau yn unol â graddfeydd Undeb y Cerddorion.

Byddai aelodaeth y band yn amrywio o sioe i sioe ond yr un fyddai teyrngarwch y gwahanol aelodau. Diolch amdanynt.

Yr un oedd cyfraniad Gareth Owen a'i griw hynod o bobl a fu'n ei gynorthwyo. Y saer Alun Williams a adeiladodd nifer o setiau i ni a hefyd ymhen amser i Ysgol Theatr Maldwyn. A bu John Hughes Jones, ei seidcic chwedl Gareth Owen, wrth ymyl i wneud pob math o waith. Andrew Roberts a Glyn Baines a fu'n gyfrifol am y celfi/props ac mewn sioe fel hon, roedd yna gryn dipyn o waith. Cofiaf un digwyddiad a gododd wên fwy nag unwaith

wrth feddwl am ochr y celfi. Roedd gofyn i un aelod o'r cast – John Puw, a chwaraeai un o weision y Comisiynydd – godi darn o arian a daflwyd i'r llawr fel tâl i'r Comisiynydd am gadw Marged o grafangau'r Wyrcws. Roedd John Puw i fod i godi'r darn arian o'r llawr a'i roi i'r Comisiynydd, ond yn anffodus, gan ei fod o'n cnoi ei ewinedd, ni allai gael gafael ar y darn arian! Ar ôl i hyn ddigwydd fwy nag unwaith (gyda'r cast yn gwlychu eu hunain gefn llwyfan) penderfynwyd gosod darn o incil glud (sellotape) ar ei fys gan y byddai hynny'n ei gwneud hi'n haws iddo godi'r darn arian. Druan o'r hen John Puw – un o ffyddloniaid gwerthfawr y Cwmni ac un wyddai sut i fwynhau ar y llwyfan ac oddi arni.

Cefnogwyr James Morris (Geraint Roberts)

"Pum Diwrnod O Ryddid. Wrth feddwl am fy nghyfnod yn Theatr Ieuenctid Maldwyn, llifa ton o eirfa i'r meddwl ... amhrisiadwy, bythgofiadwy, parch, cydweithio, cydchwarae, adeiladu hyder unigolion, traed ar y ddaear, pawb yn gyfartal, cyfleoedd, proffesiynoldeb, chwerthin, balchder, ffrindie ... Dechrau fy nhaith perfformio, un o'r profiadau mwyaf gwerthfawr erioed, teimlo'n freintiedig iawn imi gael gweithio gyda'r tri arwr a chael bod yn rhan o'r sioe. Dal i gael y wefr drydanol wrth gofio'r holl ymarferion a'r perfformiadau. Er, do'n i ddim ishe mynd ar y llwyfan i ganu ar ben fy hun (hapus iawn i fod yn rhan o'r cwmni), a byddwn yn erfyn ar Derec i adael i'r eilydd ganu bron bob tro, ond gwrthod fydde fo. Finne yn cerdded mlaen ar y cord olaf ar brydie! Dwi'n siwr imi fod yn hunlle iddo ar ochr y llwyfan. Dysges reolau proffesiynol theatr ymhob agwedd er mai amaturiaid oedden ni gyd, ond dyna grefft y tri person arbennig yma. Bythgofiadwy. Diolch amdanynt.

Catrin Fychan

Ar gyfer Eisteddfod Genedlaethol yr Urdd 1988 yr ysgrifennwyd *Pum Diwrnod o Ryddid* ac yn Theatr Hafren y Drenewydd y perfformiwyd y sioe, bedair gwaith mewn dwy noson, gan werthu pob tocyn wythnosau cyn y digwyddiad. Roedd cael perfformio yn Theatr Hafren yn fendith i ni fel Cwmni, gan y golygai y byddem yn gallu gosod set y sioe, y golau ac ymarfer ar y llwyfan ei hun ddyddiau cyn i'r sioe agor. Yn wahanol i'n perfformiadau ar lwyfan y Brifwyl, lle mae'r amser ar gyfer gosod llwyfan, golau ac yn blaen yn gyfyng, mae cael llwyfannu sioe mewn theatr fel hyn yn llawer rhwyddach. Yn dilyn llwyddiant y sioe yn ystod wythnos Eisteddfod yr Urdd yn 1988, bu bron yn anorfod y byddem yn mynd â'r cynhyrchiad ar daith.

Dechreuodd taith *Pum Diwrnod o Ryddid* yn Theatr Ardudwy, Harlech ar 12 Tachwedd 1988, lle y cafwyd dau berfformiad ar yr un diwrnod. Yr unig broblem gyda chynnal dau berfformiad ar yr un diwrnod oedd y cyfnod rhwng y ddau berfformiad. Pwrpas egwyl o ryw ddwy awr rhwng y ddau berfformiad ydoedd i'r cast a phawb yn y Cwmni gael hoe a chyfle i gael lluniaeth. Yn anffodus, gwelai nifer fach o'r cast hyn fel cyfle i gael lluniaeth o fath gwahanol, gan suddo ambell i beint yn ystod y cyfnod hwn. Wrth ddod i sylweddoli fod hyn yn digwydd gwyddai Derec a minnau y byddai'n rhaid i ni roi y drefn i lawr. O ran ei

natur tanllyd ar adegau, fe fyddai Der yn ffrwydro ac yn gadael i'r criw o bechaduriaid gael pryd o dafod. Dwi'n credu fod perthynas Derec a minnau yn gweithio'n effeithiol iawn fel rhyw fath o *good cop/bad cop*, y fo'n ffrwydro a minnau'n ceisio bod yn gymodlon, ond byddai pawb yn cael neges glir fod ymddygiad o'r fath yn mynd yn groes i amcanion ac agwedd y Cwmni. Yn Theatr Ardudwy hefyd y cafwyd un o'r troeon trwstan hynny a ddigwyddai o dro i dro. Gan fod Gareth Owen wedi creu gantri uchel, fe ddefnyddiem hynny ar gyfer ambell i olygfa. Mewn un rhan o'r sioe byddai'r cymeriad Abraham Owen (Gareth Dafydd neu Gareth Corn – oherwydd mai ef oedd y Cornydd) yn dringo'r gantri i ganu wrth alw'r gweithwyr ynghyd. Oherwydd diffyg amser ymarfer ar y

llwyfan cyn y perfformiad cyntaf, fe fethon ni â sylwi fod y gantri'n rhy uchel i gael ei weld o'r gynulleidfa – o dan y *proscenium* arch fel petai – ac oherwydd hynny, dim ond rhan o goesau a thraed Gareth Corn oedd yn y golwg! Un tro trwstan arall oedd pan ddaeth Barri Jones i'r llwyfan ar ganol golygfa lle nad oedd o'n rhan ohoni. Fe sylweddolodd hynny'n gyflym ac fe safodd fel delw yn y cefn, heb dynnu unrhyw sylw ato'i hun. Proffesiynol iawn!!

Pan fyddai'r Bonedd yn dod i'r llwyfan, byddai dau wrn yn cael eu gosod yn y cefn er mwyn dangos crandrwydd y dosbarth hwn. Wrth i hynny ddigwydd mewn un perfformiad ar y daith, clywyd llais yn sibrwd o'r gynulleidfa, "The pots are out – the snobs are coming"!

Yn dilyn Harlech cafwyd perfformiadau yn Theatr Hafren y Drenewydd unwaith eto, Theatr y Werin Aberystwyth, Theatr Seilo Caernarfon, Theatr Felinfach, Theatr Gwynedd Bangor, Theatr y Lyric, Caerfyrddin a Theatr Clwyd, yr Wyddgrug. Perfformiwyd y sioe ddwywaith ar yr un noson yn Theatr Clwyd ac yn ôl swyddogion y theatr gallent fod wedi gwerthu trydydd perfformiad. Cafwyd un perfformiad ychwanegol yn Neuadd Gymunedol Llanidloes ar nos Sadwrn y 6ed o Fai 1989, fel rhan o ddathliadau'r Dref i gofio Gwrthryfel y Siartwyr, 150 o flynyddoedd wedi'r digwyddiad. Roedd y perfformiad hwn yn un arbennig iawn, o gofio mai yn y dref hon y digwyddodd y cyfan. Ar ôl i'r cast wisgo'n barod ar gyfer y perfformiad, fe aethom draw i sefyll ar y stryd o flaen Gwesty'r Trewythen a chanu rhai o'r caneuon o'r sioe. Dyma brofiad a fyddai'n aros yn ein cof am amser maith, a chan ddefnyddio'r profiad angerddol hwn, fe roddwyd perfformiad gwych ar y noson yn Llanidloes. Meddyliwch am gael canu'r isod o flaen Gwesty'r Trewythen gan orffen gyda'r gân "Glywi di sŵn y corn yn galw?"

Yn y perfformiad yn Theatr y Lyric Caerfyrddin, daeth Hefin Owen a Mervyn Williams o Gwmni Teledu Opus (Rondo Media erbyn hyn) i weld y sioe, ac yn dilyn y perfformiad cawsom gytundeb i recordio'r cynhyrchiad ar gyfer S4C. Roedd Euryn Ogwen o S4C wedi dangos diddordeb mewn recordio'r sioe, ac ef a roddodd ni mewn cysylltiad gyda Chwmni Opus. Roedd Euryn Ogwen yn gefnogol iawn i'n gwaith ni ac fe aethom i'w gyfarfod yng Nghaerdydd. Fe ddywedodd wrthon ni mai gyda Mervyn Williams a Hefin Owen fydde'r lle gorau i ni fod a diolch iddo am hynny. Dyma gychwyn ein cysylltiad a'n perthynas gyda'r cwmni hwn, perthynas sy'n parhau hyd heddiw. Roedd gan Hefin a Merv barch at ein gwaith a'n safonau ac fe dyfodd yr elfen o ymddiriedaeth rhyngom ar hyd y blynyddoedd.

"Pum diwrnod o ryddid ddwed yr hanes,
pum diwrnod yn unig fydd ar goel,
pum diwrnod a methiant a glywir
heb adael ar fory ddim o'i hoel.

Ond peidiwch a gadael i neb anghofio
yr aberth, y freuddwyd, y ffydd,
a d'wedwch mai yma yn Llanidloes
y torrodd y werin yn rhydd."

Muriau moel

Wn i ddim sut mae perthynas fel hyn yn cael ei sefydlu oni bai am y ffaith ein bod yn ymddiried yn llwyr yn Hefin a Merv gan wybod y byddai'r ddau yn gwneud popeth o fewn eu gallu i drosglwyddo llwyddiant y cynhyrchiad o'r llwyfan i'r teledu. Roedd hi'n 1989 erbyn i'r daith ddod i ben ac fe recordiwyd *Pum Diwrnod o Ryddid* yn Theatr Hafren ar gyfer ei ddarlledu ar S4C. Recordiwyd hefyd raglen ddogfen ar y Cwmni, *Yn Gaeth i'r Rhyddid*, gyda Beti George yn treulio wythnos yn ein cwmni yn recordio sgyrsiau gyda gwahanol aelodau, yn seiliedig ar daith y sioe, a Beti yn adrodd y stori. Gwnaed hynny gyda sioeau eraill hefyd yn nes ymlaen, gan sicrhau fod S4C yn cael gwerth eu harian o'u buddsoddiad yn y sioeau.

Yn ystod mis Hydref 1988, aed ati hefyd i wneud recordiad yn Stiwdio Sain yn Llandwrog. Rhyddhawyd casét o'r sioe, cyn dyddiau'r CD a'r recordiadau digidol, gyda Hefin Elis unwaith eto wrth y llyw o ran cynhyrchu'r gwaith. Mae ein dyled yn fawr i Hefin Elis o ran ei fanylder gyda'n sioeau ni. Roedd yn gefnogol ac amyneddgar ac yn mynnu'r safonau uchaf o ran ansawdd a chywirdeb y recordio. Ar ben hynny, roedd hi bob amser yn bleser cael gweithio gydag o, gan ei fod yn gerddor mor wych ac yn ddyn mor hawddgar.

I gwmni amatur, golygai'r holl waith fod rhaid i'r band recordio'r traciau offerynnol ar benwythnosau, gyda phenwythnos arall i recordio traciau canu'r Corws, ac yna ymweliadau gyda'r nos yn ystod yr wythnos i recordio'r unawdwyr. Gan ystyried fod gan bawb swyddi a'u bod yn gweithio yn ystod y dydd, golygai hyn gryn ymroddiad o ran yr holl aelodau. Mae recordio mewn stiwdio, boed lais neu offeryn, yn gallu bod yn broses greulon iawn. Weithiau wrth recordio unawdwyr am ddeg o'r gloch y nos, gallai'r amynedd ac ansawdd a thraw lleisiau olygu blinder mawr. Mae perygl mewn sefyllfa felly bod rhywun yn derbyn perfformiad gwallus, neu lai effeithiol wrthi iddi hwyrhau, a bod blinder, gyda golwg ar y cloc a dyletswyddau'r diwrnod canlynol, yn golygu dod â'r sesiwn i ben. Hefyd, wrth gwrs, byddai siwrne adref o ddwy awr yn wynebu llawer ohonom. A dyna lle roedd arbenigedd ac amynedd Hefin Elis yn hollol allweddol. Ni adawai i ni dderbyn unrhyw beth eilradd, hyd yn oed pe byddai hynny'n golygu sesiwn ychwanegol. Roeddem hefyd mor lwcus o allu cerddorol Linda a'r Band, gyda phob aelod yn deall eu gwaith i'r dim. O dderbyn gwall mewn recordiad o'r fath, golygai y byddem yn ei glywed wrth wrando ar y casét am byth. Digwyddodd hyn i Derec a minnau wrth recordio EP y Gasgen, a hynny am yr union reswm, sef fod blinder a'r amser o'r nos yn gyfrifol am i ni dderbyn gwall yn y recordio. Ar y gân "Un dyn bach ar ôl" mae yna wall rhwng rhythm y gitâr fas a'r drymiau, a dyna'r unig beth fyddai'r ddau ohonom yn ei glywed wrth

wrando ar y gân. Perodd hynny loes hirdymor i Derec a minnau a dwi'n siwr ei fod yn wers i ni ar gyfer unrhyw waith recordio yn y dyfodol. Mae proffesiynoldeb y recordiad hwn yn golygu bod y casét hwn o'r sioe yn dal i gael ei chwarae hyd heddiw ar y radio.

Y Band – Siôn Llywelyn, Elfed ap Gomer, Linda, Geoffrey "Jiff" Jones a Dylan Baines

Claddwyd y sioe *Pum Diwrnod o Ryddid* gyda pharti, yn addas iawn yng Ngwesty'r Trewythen yn Llanidloes ar nos Wener 3 Tachwedd 1989, a pharti diarhebol oedd hi hefyd! Margaret Lewis a fu'n gyfrifol am drefnu'r parti ac am drio cadw trefn ar bawb – gwaith anodd os nad amhosib. Margaret hefyd a fu'n gyfrifol am drefnu taith i Lundain ym mis Mai 1987, i aros dwy noson yn y Regents Palace ac i weld y sioe *42nd Street*. Fe adawaf i bawb geisio dychmygu sut drip oedd hwn – y cyfan a ddywedaf oedd nad

oedd gwylio'r sioe yn un o uchelfannau'r trip ac nad oedd gwesty parchus y Regents Palace wedi gweld na chlywed dim byd o'r fath yn eu hanes.

Yn 2008, cawsom gais gan Banel Addysg Llywodraeth Cynulliad Cymru i ystyried cyhoeddi fersiwn printiedig o *Pum Diwrnod o Ryddid*, gan fod hanes y Siartwyr yn rhan o'r sylabws Hanes yn Ysgolion Uwchradd Cymru. Cwmni Sain a gafodd y cytundeb i gyhoeddi'r gwaith, a olygodd lawer o waith gosod a mireinio i Linda druan. Roedd cefnogaeth ac arbenigedd Gwenan Gibbard yn hollol allweddol wrth gael y maen i'r wal, ac fe fynnodd Panel Addysg y Llywodraeth gael fersiwn Saesneg o'r gwaith hefyd. Gwaith digon anodd yw cyfieithu ar y gorau, ond mae ceisio cyfieithu sioe gerdd yn anodd tu hwnt. Rhaid canmol gwaith cyfieithu Dafydd Iwan, gan fod ei gyfieithiad yn cadw'n agos at y gwreiddiol o ran testun ac ysbryd. Wrth i'r llyfr gael ei gyhoeddi yn 2008, fe benderfynon ni greu cynhyrchiad newydd gyda chriw Ysgol Theatr Maldwyn, a sefydlwyd yn 2004. Ond mwy am hynny'n nes ymlaen. Hyd yma, nid oes neb, hyd y gwyddon ni, wedi mentro perfformio'r fersiwn Saesneg, *Five Days of Freedom*, ac mae hynny'n siom ar ôl yr holl waith clodwiw a wnaeth Dafydd Iwan gyda'r cyfieithiad.

Heb unrhyw amheuaeth, gallem fod wedi teithio gyda'r sioe hon am flwyddyn neu ddwy yn rhagor, ond fel gyda phopeth, roedd hi'n rhaid dod â'r sioe i ben. Oherwydd llwyth gwaith dyddiol y tri ohonom, heb sôn am ddyletswyddau teuluol, byddai'n rhaid i ni unwaith eto 'gladdu' sioe. Ar ddiwedd cyfnod mor brysur, byddai bob amser yn ddoeth i ni'n tri gymryd hoe a chael cyfnod i jarjio'r batris. Cyfnod digon byr oedd hynny y tro hwn, gan i'n cyfeillion annwyl yng Nghwmni Teledu Opus (Rondo Media) danio'n diddordeb mewn creu rhywbeth hollol wahanol i beth roedden ni wedi'i greu hyd yma.

PUM DIWRNOD O RYDDID

gan
Linda Mills, Dafydd Penri Roberts a Derec Williams

PRIF GYMERIADAU

James Morris	Geraint Roberts
Marged	Sian Eirian Huws
Richard Jerman	Barri Jones
T. E. Marsh	Glandon Lewis
Abraham Owen	Gareth Dafydd
Ann Williams	Delyth Evans / Annwen Roberts
Ruth	Catrin Fychan
Thomas Morgan	Ifan Francis

Y BONEDD

Y Ficer	Aled Rees
Ciwrad 1	Arwyn Evans
Ciwrad 2	Hywel Glyn Jones
Viscount Clive	Wyn Lewis
Y Fns. Blenkorn	Sandra Pritchard
John Mills	Hywel Glyn Jones
Y Fns. Mills	Catrin Alwen Jones
Y Gwir Anrhydeddus C. Wynne	Melfyn Jones
Y Fns. Wynne	Rhian Lloyd Evans
Y Fns. Marsh	Sian Davies
Y Fns. Page	Alyson Thomas / Eleri Jones

FFRINDIAU 'MORRIS'

John Ingram	David Bauld
Lewis Humphreys	Robin Glyn Jones
John Lewis	Elwyn Rowlands
Elisabeth Lucas	Rhian Mason

Y CORWS – MERCHED

Nia Bleddyn, Sarah Davies, Gillian Davies, Sian Davies, Sioned Ellis, Mair Evans, Anwen Griffiths, Carol Grove, Buddug Gwalchmai, Anwen Ceri Jones, Ann Jones, Eiryl Jones, Sara Jones, Sioned Mair Jones, Delyth Jones, Linda Jones, Wendy Lewis, Margaret Lewis, Bethan Lloyd, Sian Morgan, Ffion Morgan, Sian Owen, Eirian Roberts, Anwen Roberts, Sian Thomas, Gillian Thomas, Tyly Wells, Jane Williams, Sioned Williams, Gwawr Williams, Elen Jones, Bethan Hughes, Jacqueline Edwards.

Y CORWS – BECHGYN

Huw Davies, William Edwards, Robert Evans, John Evans, Robert Evans, John Evans, Robert Jones, Huw Lewis, Ifan Aled Owen, Tom Rees, William Roberts, John Roberts, Andrew Roberts, Barri Jones Williams, Keith Williams, Guto Williams, Arwel Jones, Irfon Davies.

Y BAND

Piano—Allweddellau	Linda Mills
Allweddellau—Gitar	Elfed ap Gomer
Allweddellau	Geoffrey 'Jiff' Jones
Gitar flaen	Dylan Baines
Drymiau	Sion Llewelyn

CYNHYRCHIAD

Golau	Jonathan Savage
Sain	P. A. Rhad
Cynllunydd Set	Gareth Owen
Saer	Alun Williams
Gwisgoedd	Medi James
Celfi	Andrew Roberts / Glyn Baines
Ymgynghorydd Dawns	Shirley Stansfield
Cynhyrchu	Derec Williams a Penri Roberts

PENNOD CHWECH

MYFI YW

(YN SEILIEDIG AR EFENGYL SANT IOAN)

"Disgrifiwyd Efengyl Ioan fel pwll lle y gall plentyn ymdrochi ac eliffant nofio. Y mae'n syml ac yn ddwys ar gyfer y newydd-ddyfodiad i'r ffydd a'r Cristion aeddfed. Ni fodlonodd Ioan fel Mathew, Marc a Luc ar adrodd stori Crist yn unig. Ceisia ddangos i'w ddarllenwyr yr hyn y mae Iesu yn ei olygu i Gristnogion o bob oes, a hynny drwy gyfres o symbolau. Daw'r symbolau hyn i uchafbwynt dramatig yn adroddiad Ioan am yr Wythnos Fawr yn hanes Iesu ac uchafbwynt yr wythnos honno – Y Croeshoeliad. Dyma yn ôl Ioan lle mae'r Bugail Da yn rhoi ei einioes dros ei ddefaid; Oen Duw yn cael ei arwain i'r lladdfa; ffrwyth y Wir Winwydden a Bara'r bywyd yn cael ei gynnig; ffordd a drws newydd yn agor at Dduw a'r goleuni y cyfeiriodd ato ar ddechrau'r Efengyl yn llewyrchu yn y tywyllwch a'r tywyllwch yn analluog i'w drechu. Nid rhyfedd i Ioan gloi'r cyfan gyda Crist yn gweiddi'n fuddugoliaethus ar y groes – 'Gorffennwyd'."

Buom wrthi'n ddiwyd am rai misoedd yn creu'r Oratorio, gan benderfynu y byddai'n waith modern a chyfoes. Ar ddiwedd y cyfnod hwn o ysgrifennu a chyfansoddi, roedden ni'n barod i alw'r Cwmni ynghyd. Ni chawsom erioed drafferth wrth gael pobl i ymaelodi, a'r tro hwn, unwaith eto, fe lwyddon ni i gael criw cytbwys o ran lleisiau. O ran dewis rhywun i ganu rhan Iesu Grist, teimlai Linda a Derec y dylwn i ganu'r rhan, gan fy mod i eisioes wedi canu'r rhan wrth i ni greu yr Oratorio. Mae'n rhaid i mi gyfaddef nad o'n i'n gwbl hapus am hynny gan na wnes i erioed ystyried fy hun yn ganwr o unrhyw safon, ar wahân i fod yn aelod o'r Gasgen. Fel 'Canwr Tŷ Tafarn' y byddwn i'n disgrifio fy hun! Daeth y gwaith o ddewis y cymeriadau eraill yn weddol rhwydd, gyda Geraint Roberts yn canu rhan Ioan, Barri Jones yn canu rhan Pedr a Bethan Antur yn canu rhan merch dan y teitl "Llais Israel". Canwyd y rhannau eraill gan Robin Glyn (Offeiriad) ac Elwyn Rowlands (Peilat).

Penderfynwyd gwneud taith o amgylch rhai Eglwysi a Chapeli gyda'r Oratorio adeg y Pasg. Roedd y perfformiad cyntaf yn Eglwys Llanfair Caereinion ar Sul y Blodau 1990, a chan na fu rhyw lawer o gyhoeddusrwydd ynglŷn â'r daith, nac unrhyw werthu tocynnau ymlaen llaw, roedd hi'n anodd gwybod pa fath o gynulleidfa, o ran niferoedd, y gallen ni ei disgwyl ar y noson agoriadol hon. Mynediad trwy raglen ar y noson fuodd hi gydol y daith. PA Rhad oedd yn ein gwasanaethu unwaith eto gyda'r sain a'r unig gyfeiliant cerddorol ydoedd Linda ar yr allweddellau a Derec ar y drymiau. Wedi bod yn ymarfer yn Eglwys Llanfair drwy'r prynhawn, fe ddaeth yn dipyn o sioc i ni weld ciwiau o bobl y tu allan i'r Eglwys, yn disgwyl am gael dod i mewn. Erbyn amser cychwyn y noson, roedd yr

Eglwys yn llawn dop. Ar ddydd Gwener y Groglith, cafwyd perfformiad yn Eglwys Seion Llanidloes, lle roedd Sue fy ngwraig yn weinidog, ac yna ar ddydd Sul y Pasg yng Nghapel Tegid y Bala, lle cawsom gynulleidfa o fil o bobl. Buom hefyd yn perfformio yn Eglwys Llanfyllin, Eglwys Llanbadarn a'r Tabernacl ym Machynlleth. Recordiwyd y perfformiad byw yn y Bala gan Dylan Baines, nid i'w gyhoeddi, ond i aelodau'r cast yn unig. Yr un fu'r hanes gydag ail ran y daith ym misoedd yr haf, yn Eglwys Amlwch, Capel Mawr Dinbych, Eglwys Porthaethwy, Capel Glynarthen, Rhydlewis, a Chapel Engedi Caernarfon.

Yn sicr, i gymharu â'n teithiau gyda'r sioeau cerdd, roedd taith *Myfi Yw* yn weddol hawdd, gan nad oedd rhaid treulio oriau yn gosod set, golau ac yn y blaen. Troi i fyny rhyw ddwy awr ymlaen llaw, gosod offerynnau Linda a Derec,

ymarfer rhyw ychydig a sicrhau ein bod yn cael *soundcheck* boddhaol. Gyda'r holl eglwysi a chapeli, roedd un peth yn gyffredin ym mhob un, sef bod yr *acoustics* yn naturiol wych. Ac roedd awyrgylch y gwahanol addoldai yn sicr yn benthyg ei hun i berfformiad o Oratorio. Taith mewn dwy ran fuodd hi mewn gwirionedd, gyda'r rhan gyntaf yn ystod Gŵyl y Pasg ac yna'r ail ran tua mis Mehefin.

Un o nifer o rinweddau aelodau Cwmni Theatr Maldwyn oedd eu ffyddlondeb a'u prydlondeb dros y blynyddoedd ac fe ellir bob amser fod yn hyderus y byddai'r holl griw o tua 80 o bobl yn cyrraedd y lleoliadau mewn da bryd. Fel rheol wrth i ni berfformio sioe cerdd, byddai Derec a minnau yn lleoli ein hunain ar ochr y llwyfan er mwyn cadw llygad ar bethau, gan gynnwys rhediad ac unrhyw nam ar y perfformiadau. Y tro hwn, wrth gwrs, nid oedd hyn yn bosib, gan fy mod i'n canu o'r pulpud a Derec wrth y drymiau. Roedd gofyn i tua 80 o bobl gael eu gwasgu mewn i sêt fawr y capeli ac o flaen yr allor mewn eglwysi. Roedd gofyn i'r Corws hefyd sefyll yn llonydd am awr wrth berfformio'r gwaith, yn hollol wahanol i berfformiad o sioe gerdd, lle byddai'r Corws yn mynd a dod gydol y perfformiad. Doedd yna ddim digon o le i osod cadeiriau na meinciau, ac roedd y Corws yn rhan o bob darn o'r Oratorio, ac felly nid oedd cyfle i neb gymryd hoe. O'r cychwyn, daeth yn amlwg fod un neu ddau o bobl yn mynd i deimlo ychydig yn sâl ac i lewygu o dro i dro. Yn ystod ail ran y daith ym mis Mehefin, roedd y tywydd poeth yn ychwanegu at y broblem honno. Yn wir, dechreuodd rhai o'r hogie drwg gymryd *bets* ar faint o bobl fyddai'n llewygu yn ystod perfformiad! Dwi'n rhyw feddwl mai'r nifer uchaf a lewygodd mewn perfformiad oedd deuddeg!

Un arall o rinweddau mawr yr aelodaeth oedd eu cefnogaeth i'w gilydd; llwyddiant y Cwmni oedd yn bwysig, a doedd neb yn bwysicach na'i gilydd. Dros y blynyddoedd ystyriwyd fod pawb ar yr un lefel, boed unawdydd neu aelod o'r Corws, a thrwy hynny fe grëwyd a chynhaliwyd cwmni a fu'n hapus yng nghwmni'i gilydd.

Wrth i'r daith fynd rhagddi, gwyddem y byddem maes o law yn ffilmio *Myfi Yw* ar gyfer ei ddarlledu ar S4C ar nos Wener y Groglith 1991. Fe benderfynodd Hefin Owen a Mervyn Williams mai yn Eglwys Llanbadarn, ger Aberystwyth, y bydden ni'n ffilmio'r Oratorio yn ystod hydref 1990. Yn dilyn ein perfformiad yno ar daith fe sylweddolwyd fod yr *acoustics* yn yr Eglwys hon yn arbennig o dda.

Cyn i ni orffen y daith, digwyddodd rhywbeth a allai fod wedi rhwygo'r Cwmni'n yfflon. Yn amlwg, roedd Hefin a Mervyn wedi bod yn trafod yn ddwys ynglŷn â'r prif gymeriadau yn yr Oratorio. Fe ddaethant i'r casgliad, hollol gywir, nad oedd fy llais i yn ddigon da i ganu rhan Iesu Grist. Fel y soniais eisioes, doeddwn i ddim yn ystyried fy hun yn ganwr o gwbl – llenwi'r bwlch fu fy mwriad i o'r cychwyn cyntaf, gan nad oeddwn i'n wreiddiol i fod i ganu rhan Owain Glyndŵr yn *Y Mab Darogan* chwaith. Fe ffoniodd Hefin Owen fy ffrind Derec, i rannu eu penderfyniad nad oedden nhw eisiau i mi ganu rhan Iesu Grist. Wedi iddo drafod hyn gyda Linda, synnwn i ddim na fu oriau o ofidio cyn iddo fy ffonio i, i rannu'r newyddion. Doedd dim angen iddo ofidio o'm rhan i o gwbl, gan fy

mod yn hollol barod i dderbyn y penderfyniad. Am wn i, dyma'r unig dro yn fy mywyd i mi gael y sac!! Pe byddai Hefin wedi gofyn i ni newid unrhyw un o'r prif gymeriadau eraill, dwi'n hollol sicr na fyddem ni wedi cytuno. Roedd hi'n hawdd iawn i mi dderbyn, a thrwy hynny Derec a Linda hefyd, bod angen canwr 'go iawn' i ganu rhan Iesu Grist. Dyma unwaith eto ategu'r ffaith mai llwyddiant y Cwmni oedd yn bwysig i'r tri ohonom, a dim arall.

Yn ffodus iawn, fe gynigiodd Hefin Owen enw John Eifion i ni i ganu'r brif ran yn yr Oratorio ar gyfer y telediad. Roedd o'n ddewis ardderchog ac fe gyflawnodd o'r rhan yn wych, gyda'i lais tenor hyfryd. Ychydig iawn o amser gafodd John Eifion i ymarfer gyda'r Cwmni, ond fe weithiodd popeth oherwydd ei broffesiynoldeb ef a'r Cwmni.

Pan ddarlledwyd *Myfi Yw* adeg y Pasg 1991, bu siom enfawr. Mae'n amlwg fod pwy bynnag a oedd yn gyfrifol am wasgu'r botwm cywir yng Nghanolfan S4C wedi gwneud camgymeriad mawr. Am ddeg munud cyntaf y darllediad, y cyfan a welsom oedd lluniau toredig fel petai y cyfan ar *fast forward*. Pwy bynnag oedd wedi gwasgu'r botwm anghywir – mae'n rhaid ei fod o neu hi wedi diflannu i wneud paned o de neu rhywbeth, heb sylweddoli'r camgymeriad. Ymhen hir a hwyr, fe gywirwyd y nam, ond fe ddifethwyd y cyfan i ni gan y cychwyn hwn i'r rhaglen. Siom arall ydoedd nad ail-ddarlledwyd y rhaglen, oherwydd y camgymeriad hwn. Pan ddaeth Derec ar y ffôn efo fi y noson honno, roedd y stêm yn codi o'i ben, cymaint â fy mod i'n ei weld dros wifrau'r ffôn! I bawb a oedd yn ei adnabod, gellir dychmygu'r rhegfeydd a ddefnyddiodd i fynegi ei siom – ac nid rhegfeydd Beiblaidd mohonynt!

Cwmni Recordiau'r Mynydd Du a fu'n gyfrifol am sain y darllediad, gyda'r technegydd sain Jeff Atkins wrth y llyw, a hwy hefyd a gytunodd i ni ddefnyddio'r trac sain i greu casét o'r cyflwyniad.

Un o obeithion y tri ohonom yr adeg hynny oedd y byddai *Myfi Yw* yn cael ei gyhoeddi yn llyfr, er mwyn i grwpiau eraill gael defnyddio'r gwaith. Gwireddwyd y freuddwyd honno bron i 30 o flynyddoedd yn ddiweddarach, wrth i Gwmni Sain gyhoeddi *Myfi Yw* yn 2018.

Ein gobaith yw y bydd yr Oratorio *Myfi Yw* yn cael ei ddefnyddio gan yr "oesoedd a ddêl" gan fod y neges a geir ynddo yn berthnasol ac yn bwysig i bob oes. I gyd-fynd â chyhoeddi'r gwaith gan Gwmni Sain, bu Cwmni Theatr Maldwyn ar daith gyda chynhyrchiad newydd ar gyfer perfformiadau yn ystod cyfnod y Pasg 2019. Ar yr un noson, cafwyd perfformiad o *Gair yn Gnawd* gan aelodau Ysgol Theatr Maldwyn. Cantawd yn adrodd stori'r Geni oedd *Gair yn Gnawd*, a grëwyd gan y tri ohonom ar gyfer aelodau'r Ysgol Theatr yn 2011. Cyhoeddwyd y Cantawd hwn yn llyfryn gan Gwmni Sain yn 2015. Roedd cael aelodau'r Cwmni a'r Ysgol gyda'i gilydd i berfformio dau ddarn o waith gan y tri ohonom yn achlysur arbennig iawn yn ein hanes. Dyma ail ran y daith yn ystod misoedd yr haf 1990:

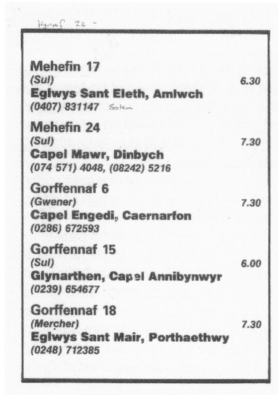

Haref 22 –

Mehefin 17
(Sul)   6.30
Eglwys Sant Eleth, Amlwch
(0407) 831147 Salem

Mehefin 24
(Sul)   7.30
Capel Mawr, Dinbych
(074 571) 4048, (08242) 5216

Gorffennaf 6
(Gwener)   7.30
Capel Engedi, Caernarfon
(0286) 672593

Gorffennaf 15
(Sul)   6.00
Glynarthen, Capel Annibynwyr
(0239) 654677

Gorffennaf 18
(Mercher)   7.30
Eglwys Sant Mair, Porthaethwy
(0248) 712385

ARGRAFFWYD GAN WASG Y SIR, Y BALA. FFÔN: (0678) 520282

CWMNI THEATR IEUENCTID MALDWYN

yn cyflwyno

ORATORIO

MYFI YW
(allan o Efengyl Sant Ioan)

gan

Derec Williams

Linda Gittins

Penri Roberts

MYNEDIAD TRWY RAGLEN £1.50, Plant 50c

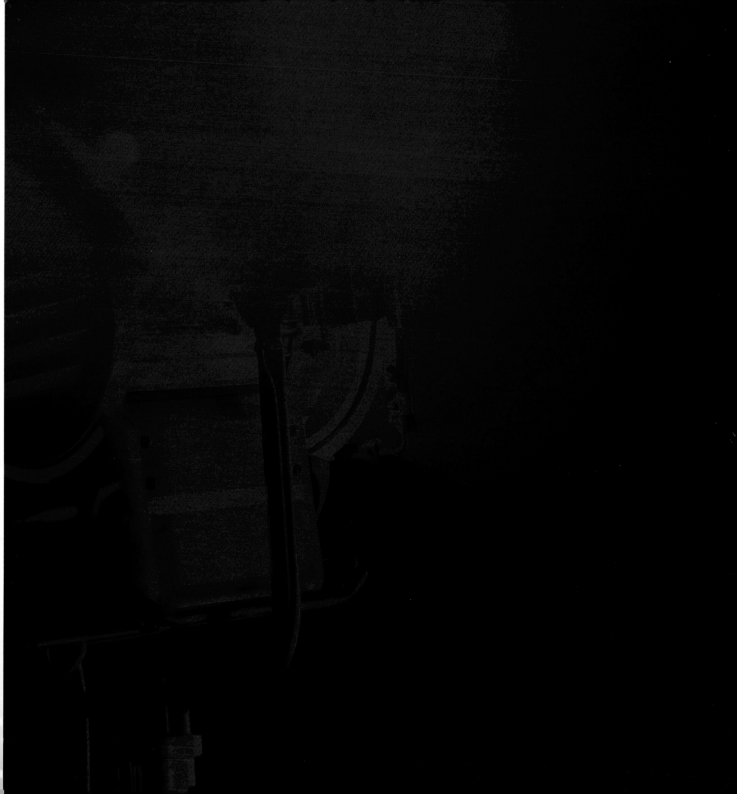

PENNOD SAITH

HELEDD

Cwmni Theatr Maldwyn

Wrth i ni deithio gyda'r Oratorio *Myfi Yw* yn 1991, daeth gwahoddiad trwy Elfed Roberts ar ran Pwyllgor Gwaith Eisteddfod Genedlaethol De Powys ar gyfer 1993, i ni greu a pherfformio sioe newydd. Yn ystod y trafodaethau gydag Elfed, daeth yn amlwg hefyd mai mewn sied ar faes y Sioe Genedlaethol y byddai'r Eisteddfod yn cael ei chynnal ac mai yn y sied honno y byddai ein sioe ni yn cael ei pherfformio. Sialens newydd a gwahanol i'r Eisteddfod Genedlaethol ac i ninnau felly. Fel y nodais yn flaenorol, byddem fel rheol yn cael hoe o ryw ddwy flynedd rhwng un sioe a'r llall ond fyddai hynny ddim yn bosib y tro hwn. Roedd gofyn i ni fynd ati ar unwaith, gan y byddai rhaid i ni ysgrifennu'r sioe mewn blwyddyn gan ystyried y byddai'n cymryd blwyddyn arall i ymarfer a chreu'r cynhyrchiad. Wrth edrych yn ôl ar y cyfnod hwn heddiw, dwi'n sicr mai sioe *Heledd* a roiodd y pwysau mwyaf ar y tri ohonom o'r holl sioeau cynt ac wedyn. Ar o leiaf un achlysur, dwi'n hollol sicr bod y tri ohonom yn annibynnol o'n gilydd wedi dweud, "dan ni'n wirion bost". Mae'n anodd weithiau egluro i bobl sut fydden ni'n mynd ati i greu sioe gerdd. Wrth ystyried sut y mae pobl eraill yn gwneud hynny, tybir bod un, neu ddau yn ein hachos ni, yn ysgrifennu'r geiriau a rhywun arall yn creu'r gerddoriaeth, ac mae hynny yn beth hawdd i bobl ei ddeall. Nid felly y bu hi

yn ein hanes ni ysywaeth, gan y byddai Derec a minnau'n ysgrifennu'r geiriau ac yna'n aml yn gweithio ar yr alawon o amgylch y piano gyda Linda. Mae'n wir i ddwyed y byddai Linda yn creu rhai alawon yn hollol annibynnol o'r ddau ohonom weithiau, ond ar y cyfan, gweithio o amgylch y piano fyddem ni. Ar ôl ffeindio'r alaw i'r gwahanol rannau, yna byddai Linda'n mynd ati i greu trefniant lleisiol ac offerynnol, ac mae hynny'n eithriadol o anodd ac yn golygu llawer o waith. Mae trefniannau lleisiol ac offerynnol Linda ar y sioe *Heledd* yn arbennig iawn ac yn arddangos ei dawn anhygoel wrth gyflawni hynny. Gwrandawer ar ran "Y Briodas" yn *Heledd* fel enghraifft o'i dawn ysbrydoledig ac unigryw. Mae yna hen ddywediad, onid oes, yn datgan mai trwy wewyr y daw celfyddyd, a bu'r gwewyr a ddioddefodd Linda wrth greu y trefniannau hyn yn gelfyddyd ym mhob ystyr o'r gair. Rhaid cofio unwaith eto mai gyda'r

nos ac ar benwythnosau y byddem yn gweithio ar greu y sioe hon ac oherwydd y cyfnod cymharol fyr dan sylw, roedd hi'n anodd a dweud y lleiaf. Peth arall sy'n anodd hefyd yw ceisio cael hyd i destun addas ar gyfer creu sioe gerdd. Roedd y tri ohonom yn weddol benderfynol mai merch ddylai fod yn ganolbwynt ein sioe gerdd nesaf ac roedd hynny'n ein cyfyngu ar ryw ystyr, wrth geisio meddwl am ferched a oedd yn ganolog i'n hanes ni fel cenedl.

Wedi ystyried rhai posibiliadau, fe ddechreuon ni edrych ar hanes y Dywysoges Heledd, Tywysoges Powys a chwaer y Tywysog Cynddylan ap Cyndrwyn. Roedd y testun yn sicr yn un da o ran lleoliad yr Eisteddfod Genedlaethol yn Ne Powys yn 1993, a hefyd o ran y Cwmni, gan fod cartref y teulu hwn ym Mhengwern yn rhan o'n tiriogaeth ni. Er mai yn y 7fed Ganrif y lleolir yr hanes, mae'n ddiddorol iawn bod yr enwau a gysylltir â'r hanes yn dal yno hyd heddiw.

Credir mai Amwythig oedd lleoliad caer Cynddylan, sef Pengwern. Ac yn y dref honno dros y ffin â ni, mae'r enw Pengwern yn parhau, gyda Pengwern Road, Pengwern Hotel a'r Pengwern Boating Club. Anhygoel onide? Clywodd Linda am hanes un teulu a oedd yn byw ar y ffin yn dweud yn aml, "We're going to Pengwern today," a hynny'n golygu eu bod am fynd i Amwythig. Mae'n wyrthiol bod yr hen enw Pengwern yn fyw ar lafar gwlad hyd heddiw. Mae dau enw arall sy'n gysylltiedig â'r hanes yn dal yn fyw yn Sir Amwythig hefyd, sef Baschurch neu Eglwysi Basa, a Whittington (White Town?), sef Y Dref Wen efallai. Mae'r afon a enwir yn yr hanes yn adlais hefyd, sef Afon Trên: "The River Tern".

Penderfynu mynd am hanes Heledd a Chynddylan a wnaethom, gan geisio creu sioe am y ferch hynod hon. Yn wahanol i'r sioeau hanesyddol eraill y creodd y tri ohonom, sef *Y Mab Darogan* a *Pum Diwrnod o Ryddid*, doedd yna fawr ddim ar gael o ran ffeithiau hanesyddol o gyfnod y 7fed Ganrif. Yr unig hanes a geir am Heledd yw'r farddoniaeth a gysylltir â'r cyfnod o Ganu Llywarch Hen a Chanu Heledd. Ein beibl ni y tro hwn oedd llyfr *Canu Llywarch Hen* gan Ifor Williams a argraffwyd gyntaf yn 1935. Yn ei lyfr, mae o'n trafod cefndir y cerddi hyn ac yn eu gosod yng nghyd-destun eu cyfnod. Er nad oes sicrwydd o unrhyw fath, credir fod y farddoniaeth a elwir yn Ganu Llywarch Hen a Chanu Heledd yn deillio o'r cyfnod ar ôl oes Heledd ei hun ac mae i'w gweld yn yr hen lawysgrifau yn *Llyfr Gwyn Rhydderch* (1300) a *Llyfr Coch Hergest* (1400). Mae'n bosib, oherwydd traddodiad llafar y Cymry, bod yr englynion hyn a welir yn Canu Heledd wedi bod ar gof a chadw am ganrifoedd ac wedi'u trosglwyddo'n llafar o genhedlaeth i genhedlaeth. O ran Canu Heledd, dyma enghraifft eitha unigryw o ferch o'i chyfnod yn mynegi ei phrofiadau o golli ei chwiorydd a'i brodyr. Yn wir, mae'r cylch o englynion yn dilyn cyflafan, lle mae Heledd yn colli popeth ac yn mynegi hynny trwy "wylo ennyd a thewi wedyn". Yr hyn a awgrymir yn yr englynion yw mai o'i herwydd hi y digwyddodd y cyfan, mai ei thafod hi a greodd yr alanas. Mae'r englynion hyn yn awgrymu hefyd mai ei gweithredoedd hi a fu'n gyfrifol am bopeth. Mae hi wedi colli popeth ac yn datgan, "Gwae fi, Dduw, fy mod yn fyw". Fel y dywed Ifor Williams, "Merch yw yn ystormydd ei theimladau trist".

> "Stafell Gynddylan, ys tywyll heno
> Heb dân, heb do,
> Wylaf wers, tawaf wedy"

A dyma'r cefndir i'n sioe ni, *Heledd*. Gyda chyn lleied o wybodaeth ffeithiol, gallai hyn fod yn rhwystr, ond roedd y diffygion hyn yn ein galluogi ni i greu ein stori ein hunain, yn seiliedig ar yr englynion a geir yng Nghanu Heledd. I raddau helaeth roedd prinder ffeithiau yn help i ni greu sioe am y ferch, Heledd, lle roedd hi'n ganolog i bopeth a ddigwyddodd, gan ein rhyddhau i ddychmygu beth a arweiniodd at y gyflafan. Oherwydd yr awgrym ei bod yn gaeth mewn priodas wleidyddol, fe benderfynon ni ei phriodi â Penda, Brenin Mersia, er nad oes prawf o hynny mewn bodolaeth. Wrth gwrs, yn y cyfnod hwn ac am ganrifoedd yn dilyn hynny, roedd brwydrau di-ri rhwng gwahanol dywysogaethau ar y ffin ac roedd priodasau gwleidyddol yn arf i geisio uno teuluoedd a thiriogaethau, a thrwy hynny'r gobaith o sicrhau heddwch am gyfnod efallai. Fe grëon ni is-stori am frawd Heledd, sef Elfan, yn mynd dros y ffin i diroedd y Mers mewn cyrch lle y cyflawnodd ddifrod difrifol i diriogaeth y Brenin Penda a dwyn ei chwaer fel gwystl. Yna, yn ôl ein stori ni unwaith eto, ymatebodd Penda drwy gasglu byddin ac agosáu at Pengwern er mwyn dial ar lys Cynddylan. Wrth gyrraedd Llys Pengwern, mynnodd iawndal am y difrod a gyflawnwyd gan Elfan, a mynnodd hefyd gymryd Elfan fel gwystl (*hostage*) hyd nes y talwyd yr iawndal yn llawn. Gwrthododd Cynddylan roi ei frawd fel gwystl ac wrth i'r ffrae a'r cynnig o iawndal gwahanol o gyfeiriad Cynddylan fethu â bodloni Penda, gwelwn fod y Dywysoges Heledd yn mynnu ei sylw. Mae Penda yn

Sara Meredydd a Robin Glyn
– Heledd yn priodi y Brenin Penda

mynnu llaw Heledd mewn priodas ac yn bygwth galanas os na chaiff o hynny. Mae hyn i gyd yn achosi gwewyr eithriadol i Cynddylan Wyn – "Dy golli di, neu roi Pengwern yn y glorian", gan adael i Heledd ddatgan, "Er mwyn Pengwern, priodaf Penda."

Gwyddem y byddai o leiaf 100 o bobl yn ymuno â'r Cwmni ac y byddai'n rhaid i ni ddarganfod rôl i'r Corws. Yn ystod y 1990au, roedd rhyfel y Balkan yn ei anterth, lle y cyflawnwyd erchyllterau difrifol iawn; lladdwyd miloedd dan amodau a alwyd yn *ethnic cleansing* a gorfodwyd miloedd o bobl i adael eu cartrefi a'u gwledydd hyd yn oed, ac i grwydro'n ffoaduriaid o un wlad i'r llall. Teimlem fod hyn yn adlewyrchu beth ddigwyddodd i'r Cymry yn y 7fed Ganrif, wrth iddynt golli tiroedd yn yr hyn a elwir Yr Hen Ogledd (Gogledd-orllewin Lloegr) a chael eu gwasgu i'r Gorllewin Celtaidd. Bu Llywarch Hen yn rhan o'r ymfudo erchyll hyn mae'n debyg ac adroddir ei fod wedi colli pob un o'i feibion mewn brwydrau.

Rôl ein Corws ni ar gyfer y sioe hon felly, fyddai ffoaduriaid. Yn y sioe, gwelwn griw o ffoaduriaid yn crwydro'r wlad yn chwilio am loches a nawdd. Pobl ar goll oeddynt yn gobeithio cael croeso ym Mhowys a chyfle i ymgartrefu. Fel mewn unrhyw gyfnod yn hanes hyd at heddiw, nid oedd pawb yn falch o weld ffoaduriaid yn heidio i'r tiriogaethau hyn. Fe benderfynon ni y byddai Llys Pengwern yn rhanedig yn hyn o beth ac y byddai yna wrthdaro rhwng y gwahanol garfanau o ran pa fath o groeso a gynigid i'r ffoaduriaid hyn. Ond roedd ein Heledd ni yn cydymdeimlo'n llwyr â'r trueiniaid hyn ac yn fawr ei chroeso. Fel rhan o'n dychymyg ni, fe grëwyd cymeriad y Tywysog Dafydd o Ardudwy, a ddaeth i ofyn am law Heledd mewn priodas, ond ei wrthod a wna, gan fynnu na all hi adael Pengwern a'i brawd Cynddylan. Awgrymir yn y sioe fod yna berthynas or-agos rhwng Heledd a'i brawd, perthynas a allai fod yn annaturiol o agos hyd yn oed, a bod hyn wrth wraidd y niwed a achoswyd wrth iddi, ymhen amser, adael ei gŵr, Penda, gan ddianc yn ôl at ei brawd Cynddylan. Defnyddiwyd brodyr a chwiorydd Heledd hefyd mewn is-storïau, er mwyn creu drama a gwrthdaro o fewn y teulu. Fe

benderfynon ni ddefnyddio'r cymeriad Llywarch Hen fel rhyw fath o lefarydd neu storïwr, yn cysylltu'r gwahanol olygfeydd, ac roedd o hefyd yn mynegi barn am beth a welai yn Llys Cynddylan.

Wrth i'n cynlluniau ddechrau cymryd siâp, fe ysgrifennon ni'r Llyfr, sef manylion y gwahanol olygfeydd, a dwi'n cofio Derec yn fy rhybuddio, "Paid â meddwl am sgwennu geiriau unrhyw gân cyn i ni orffen sgwennu'r llyfr, Robaits." Ymhell cyn i ni orffen y Llyfr, wrth gyfarfod gyda'n gilydd rhyw noson, dyma fo'n mynd i'w ffeil gan ddod â darn o bapur allan gyda geiriau'r gân "Rhaid i mi fyw"! "Blydi hel," medde fi, "ro'n i'n meddwl dy fod ti 'di dweud wrtha i am beidio sgwennu geiriau cyn i ni orffen y llyfr." Gyda rhyw wên swil mi ddywedodd, "Dwi'n sori, ond allwn i ddim peidio!" Yn y cyfarfod yr wythnos cynt, roedden ni wedi bod yn trafod y ffaith fod Heledd yn cyfaddef mai o'i oherwydd hi y digwyddodd y gyflafan, lle y collodd hi bopeth, fel y nodir yn y geiriau, "Gwae fi Dduw, fy mod yn fyw". Yn dilyn y cyfarfod hwnnw, mae'n amlwg fod yr awen wedi tanio Derec ac ni allod beidio mynd ati i ysgrifennu'r gân "Rhaid i mi fyw", sef cân olaf y sioe. Mae'r gân yn cyfleu teimladau Heledd. Ni chaiff hi farw fel gweddill aelodau ei theulu – bydd rhaid iddi hi fyw i "deimlo'r boen." Rhyfedd onide – y gân gyntaf i ddod o'r pair oedd y gân olaf un yn y sioe ei hun. Ar ôl y digwyddiad rhyfedd hwn, mi deimlais i fod gen i'r drwydded rŵan i fynd ati i ysgrifennu geiriau cân hefyd ac o'r drwydded hon fe ysgrifennais i'r geiriau ar gyfer "Eryr Pengwern". Mae'n rhyfedd meddwl erbyn heddiw fod y ddwy gân hyn, ynghyd â threfniannau anhygoel Linda ohonynt, dwy gân a grëwyd mor agos at ei gilydd, yn parhau i gael eu canu gan unigolion a chorau. Mae llawer o bobl wedi canu'r ddwy gân erbyn heddiw, gyda rhai o sêr y byd sioeau cerdd yn eu mysg, ond go brin fod neb wedi cael yr un gafael arnynt ag a gafodd Geraint Roberts gyda "Eryr Pengwern" a Sara Meredydd gyda "Rhaid i mi fyw".

Wrth i Hydref 1992 agosáu, roedd hi'n hen bryd galw'r Cwmni ynghyd. Nod y Cwmni ar hyd y blynyddoedd fu cynnig cyfle i bobl brofi gwefr perfformio a blasu'r cyffur theatrig. Dros y blynyddoedd ymestynnodd rhai aelodau o'r Cwmni eu profiad trwy fynd ymlaen i ddilyn

Elfan (Elwyn Rowlands) a chwaer Penda (Ann O Roberts)

gyrfa broffesiynol. Mynd a dod fu hanes rhai aelodau eraill. Gadael i fagu teulu ac yna ailymuno. Roedd o leiaf hanner yr aelodau ym mhob cynhyrchiad yn aelodau newydd. O 1981 hyd heddiw (2020) mae tri o bobl wedi bod ym mhob sioe, sef Barri Jones, Robin Glyn a Margaret Lewis. Bodloni ar fod yn aelod o'r corws ym mhob cynhyrchiad fu hanes Margaret ond ynddi hi y gwelir gwir gymeriad y Cwmni, trwy iddi gyfrannu cymaint at gynhesrwydd a naws yr aelodaeth. Does neb wedi cyfrannu mwy na Margaret Lewis! Fe ddown at Barri a Robin yn y man, ond teg yw nodi i'r ddau chwarae rhannau blaenllaw mewn nifer o gynyrchiadau, gan brofi'n hollol ddibynadwy a chodi'r Cwmni i fannau uchel iawn.

Wrth i ni gyfarfod yn ein cartref ysbrydol, Canolfan Gymunedol Glantwymyn, roedd yna'r un cyffro ag a brofwyd ar ddechrau pob

117

sioe, criw o bobl o wahanol oedrannau yn dod at ei gilydd i edrych ymlaen am antur newydd. Mae'n rhaid i mi gyfaddef, ar ran Derec a Linda, nad oedd y sioe gyfan wedi'i chwblhau erbyn i ni ddechrau ymarfer. Roedd hyn yn rhoi pwysau ychwanegol arnom, yn enwedig ar Linda, gan i ni ymarfer yn wythnosol ac ar ambell benwythnos a hefyd dreulio amser yn ysgrifennu/ cyfansoddi – ac, yn hanes Linda, yn creu trefniannau lleisiol. Mae'n bosib fod y ffaith na wnaethon ni orffen creu *Heledd* cyn cychwyn ymarfer wedi profi'n gaffaeliad hefyd. Wrth glywed rhai o'r darnau dechreuol yn cydio, roedd hyn yn gwneud i ni feddwl sut allen ni ddod ag alawon yn ôl mewn gwahanol sefyllfaoedd. Dwi'n rhyw feddwl fod hyn wedi'n helpu i greu sioe gyflawn, er mai yn ddamweiniol y digwyddodd hynny, gan ein bod gymaint ar ei hôl hi.

Gan ein bod wedi treulio cymaint o amser yn creu cymeriad Heledd, roedden ni braidd yn betrusgar wrth feddwl pwy fyddai ar gael ymysg y Cwmni i chwarae'r rhan. Ni fu'n rhan o'n meddylfryd erioed i chwilio am unrhyw brif gymeriad y tu allan i'n helodaeth. Dwi'n cofio i Derec ofyn y cwestiwn hwn i mi yn yr ymarfer cyntaf: "Wyt ti'n gweld hi? Ydy Heledd yma?" Roedd un ferch wedi dal sylw y ddau ohonom. Yr unig broblem oedd ei bod hi'n ifanc iawn – ar ôl dod i ddeall, roedd

hi'n un ar bymtheg oed ac yn llawer rhy ifanc, yn ein meddyliau ni, i chwarae rhan mor aeddfed. Enw'r ferch oedd Sara Meredydd. Wedi ystyried yn ddwys, gan feddwl hefyd am faint y rhan a'r pwysau a fyddai arni, allen ni wneud dim ond cynnig y rhan iddi. Roedd Linda'n poeni am lais Sara, gan mai alto ydoedd ac roedd rhai o alawon y rhan yn gofyn am gyrraedd nodau uchel iawn. Yn wir, mi weithiodd Sara mor galed ar ei llais fel y bu modd iddi gyrraedd y nodau uchel hynny. Roedd y cyfan yn risg anferthol. Roedd gosod cymaint o bwysau ar ferch mor ifanc yn hollol anfaddeuol, wrth edrych yn ôl. Ond fe lwyddodd Sara i gyflawni popeth a mwy nag y gallen ni fod wedi breuddwydio amdano. Fe greodd hi'r ferch o dywysoges, gyda'i nwyd a'i hangerdd, gyda'i gallu i apelio i'r uchelwyr a'r werin bobl, ac fe lwyddodd i gynnal y rhan drwy dwy awr o sioe, lle nad oedd hi oddi ar y llwyfan am lawer o'r amser. Roedd yna gymaint o bwysau ar ysgwyddau merch mor ifanc.

Doedd yna ddim yr un math o bryder wrth ddewis Geraint Roberts i chwarae rhan Cynddylan, brawd Heledd. Roedd Geraint, neu Ger Bach i ni yn y Cwmni, wedi hen ennill ei blwyf wrth chware rhan James Morris yn *Pum Diwrnod o Ryddid*. Fe lwyddodd i gael gafael ar y rhan yn llwyr ac fe gafwyd perfformiadau gwych ganddo gydol y daith.

"Yr atgof sydd yn dod i'r meddwl yn syth pan fydda i'n meddwl am Heledd yw yr ofn ges i o adael pawb i lawr! Dwi'n meddwl fy mod wedi sylweddoli tua wythnos cyn y perfformiad fy mod ar fin perfformio sioe yn fyw o flaen dros dair mil o bobl gyda chwmni a oedd wedi profi cymaint o lwyddiant yn y gorffennol! Dyna pryd y ciciodd y panig i mewn ... go iawn! Dechreuais feddwl, beth petai fy llais yn torri ar y llwyfan? Beth petawn i'n anghofio dod mewn? Beth petawn i'n anghofio'r geiriau? Dwi'n sicr fod mam bron â mynd yn benwan efo fi am ddiwrnodau cyn y perfformiad gan fy mod i'n gwrthod siarad efo neb er mwyn arbed y llais, yn mynd dros y geiriau o fore gwyn tan nos ac yn yfed dim byd ond Ribena poeth efo lemon a mêl. Pan gyrhaeddodd diwrnod y perfformiad, roeddwn yn nyrfys tu hwnt ... ond yn ceisio peidio dangos wrth gwrs, a phan ddaeth yr amser i'r perfformiad gychwyn, dwi'n cofio sefyll ar ochor y llwyfan tra'r oedd y corws yn perfformio 'Lladdfa', ac roedd fy meddwl i'n rasio fel peth gwirion. Roedd geiriau'r caneuon yn gowdel llwyr yn fy mhen ac roeddwn i'n sicr fy mod i'n mynd i wneud smonach llwyr o bethau. Daeth y foment i mi gamu mlaen ar y llwyfan a rywsut, wrth weld yr holl wynebau cyfarwydd, dechreuodd y nerfau ddiflannu a dechreuais berfformio. Yn ystod yr olygfa pan oedd Heledd yn estyn ei llaw i'r ffoaduriaid, teimlais mor saff, a phrofais yr ymdeimlad o deulu sydd mor nodweddiadol o'r cwmni – roedden ni'n un tîm, pob un yn cefnogi ein gilydd a phob un yn gwneud ei ran i greu perfformiad anhygoel. Dechreuodd y pwysau a'r poeni ddiflannu a dechreuais fwynhau yn fwy na all geiriau byth gyfleu. Profiad anhygoel; un o brofiadau gorau fy mywyd."

Sara Meredydd

Cynddylan (Geraint Roberts) a Heledd (Sara Meredydd)

Mae gan Geraint nid yn unig lais ardderchog, ond mae ganddo hefyd bresenoldeb llwyfan a'r ddawn i greu a chynnal cymeriadau sy'n mynnu sylw cynulleidfa. Felly hefyd Barri Jones a fu'n cymryd rhannau blaenllaw yn ein holl sioeau hyd yma. Llwyddodd i greu cymeriad hynod wrth bortreadu Llywarch Hen, yr hen fardd, wrth arwain y gynulleidfa drwy naratif yr hanes a gosod naws y gwahanol olygfeydd. Mae gan Barri hefyd bresenoldeb llwyfan arbennig iawn ac un o'i rinweddau yw ei fod yn gallu bod yn "llonydd" ar y llwyfan. Roedd defnydd Barri o'i lygaid hefyd yn adrodd cyfrolau. Robin Glyn Jones a ddewiswyd i chwarae rhan y Brenin Penda, dyn drwg y sioe! Unwaith eto, bu Robin yn hynod o gelfydd wrth greu cymeriad Penda gan ddangos ei gariad tuag ei wraig Heledd a'i ddicter o'i cholli. Geraint Wyn Jones a chwaraeodd ran y Tywysog Dafydd a deithiodd o Ardudwy i ofyn am law Heledd mewn priodas, a chofiwn am ei lais hyfryd yn y gân "O Heledd, mae hiraeth yn fy nghân". Fe gyflawnwyd rhannau unigol eraill gan Gareth Wyn Wilson, Ann O Roberts (Chwaer Penda) ac Elwyn Rowlands (Elfan). Ymysg aelodau teulu Heledd, roedd Bethan Antur, Siân Williams, Elin Jones, Delyth Jones, Catrin Alwen Jones, Olwen Jones Evans, Anwen Roberts, Glandon Lewis, Wyn Lewis, Meyrick Humphreys a Gareth Pugh. Roedd Catrin Alwen hefyd wedi cytuno yn garedig iawn i fod yn barod i eilyddio rhan Heledd pe byddai rhaid. Roedd y grŵp teuluol hwn o uchelwyr yn wych wrth greu gwahaniaeth rhyngddynt a'r werin ac wrth herio Heledd a'i nwydau. Gydol y sioe, roedd yna ryw fath o wrthdaro rhwng aelodau Llys Cynddylan a'r Ffoaduriaid gyda'r trueiniaid hyn yn gofidio wrth i Heledd adael Pengwern: "Heledd estynnodd ei llaw".

> "Ymlaen i Heledd a chael y teimlad fod y Cwmni wedi codi o ran safon, yn enwedig o ochr y cynhyrchu, gwisgoedd, llwyfannu a'r set. Roedd cael rhan Cynddylan yn un heriol iawn i mi. Manteisiais ar y cyfle i gael ychydig o hwyl efo'r gwisgoedd a'r gwaed ffug."
>
> **Geraint Roberts**

Fel y dywedais eisioes, mae ceisio perfformio sioe gerdd ar lwyfan y Brifwyl yn her aruthrol, gan mai ychydig o amser sydd ar gael i ymarfer ar y llwyfan o flaen llaw a rhyw ddwy awr ar noson y perfformiad i godi'r set, gosod y golau a chynnal *sound check*, a hyn i gyd pan fydd cystadlu yr Eisteddfod ar ben. Dwi'n rhyw feddwl mai yn Neuadd Morgannwg ar Faes y Sioe Fawr y cynhaliwyd yr Eisteddfod, a chafwyd canu a llefaru lle bu brefu fel rheol. Ac ar y noson y perfformiwyd *Heledd*, sef nos

Iau y 5ed o Awst 1993, anifeiliaid go frith a fu'n diddori'r gynulleidfa! Llwyddwyd i greu naws theatr yn yr adeilad gyda seddi'n codi mewn uchder o'r tua hanner ffordd hyd y cefn a *rig* o oleuadau digon effeithiol. Yn wir, mi ddywedwn i fod ein technegydd golau Jon Savage wedi llwyddo i greu effeithiau golau hynod o theatrig, gyda'r gorau a greodd hyd yma, ac roedd naws theatr go iawn yn perthyn i'r perfformiad. Yn sicr, mae llwyfan y Brifwyl, er yr holl anawsterau, yn "lwyfan" heb ei debyg yng Nghymru, ac i ni fel Cwmni, mae'n

cynnig cyfle arbennig i lansio ein sioeau, cyn mynd a'r sioeau hynny ar daith.

O ran ein tîm cynhyrchu, fe gawsom wasanaeth proffesiynol ein cynllunydd Gareth Owen a'i ffrind o saer Alun Williams, gŵr a fedrai wireddu breuddwydion Gareth a ninnau wrth adeiladu set y byddai'n bosib ei chodi mewn amser byr a'i chludo o fan i fan. Roedd Gareth ac Alun yn deall ei gilydd i'r dim, yn byw yn yr un ardal ar y pryd ac yn medru cyfarfod yn rheolaidd i drafod datblygiad y set. Alun yn adeiladu, Gareth yn paentio. Pan

fydden ni'n trafod ein sioeau gyda Gareth, ar gychwyn pob cynhyrchiad, fe ofynnai am sgript. Gan ei fod o i mewn ar gychwyn pob cynhyrchiad, doedd y sgript gyflawn yn aml ddim wedi'i chwblhau a byddai'n rhaid iddo ddibynnu ar ein trafodaethau gydag o. Byddai'n mynd i ffwrdd i feddwl a dechrau gwneud brasluniau ymhen amser. Yna, byddai'n adeiladu model o'r set er mwyn i ni gael gwell syniad o beth oedd ganddo yn ei feddwl. Dwi'n cofio ein bod ni bob amser yn edrych ymlaen i gael gweld y modelau bach hyn, a bu'n fuddiol cael eu gweld ar sawl ystyr. Nid yn unig o ran sut roedd y set yn edrych, ond pa mor ymarferol fyddai hi? Bu ambell i anghydweld, neu ddadlau efallai, gan fod Gareth yn arlunydd cysyniadol ei naws, a ninnau'n gorfod sicrhau ymarferoldeb y setiau gwahanol. Wrth i ni drafod a chyfnewid barn, fe ddeuai Gareth a ninnau at ein gilydd yn araf ac yn y pen draw, mae'n siwr ein bod ni ac yntau wedi cyfaddawdu ar adegau. Ta waeth, le lwyddodd Gareth ac Alun i greu gwyrthiau ar ein cyfer a bu'r ddau yn cyrraedd pob canolfan gyda *sidekick* arall iddynt, John Hughes Jones, mewn da bryd ar gyfer pob perfformiad.

Un cam gwag nodedig a wnaethom gyda'r sioe hon oedd ceisio creu pen ffug. Wrth i'r Brenin Penda ddial ar Heledd trwy ddifa ei theulu, fe benderfynon ni ei fod, ar ddiwedd

yr ymosodiad, yn torri pen Cynddylan o'i gorff. Yna, roedd o'n codi'r pen uwch ei ben mewn gorfoledd! Cystal cyfaddef na weithiodd hyn yn dda o gwbl – roedd o'n rhy felodramatig o erchyll. Llinell denau iawn sydd yna rhwng creu rhywbeth dramatig a melodramatig, ac fe groeson ni'r llinell honno y tro hwn. Ar ôl sylweddoli hynny gyda'r perfformiad cyntaf, fe adawyd y "pen" allan o'r perfformiadau eraill ar daith y sioe. Aeth y pen yn ôl i'r bocs!! Cystal i mi sôn yma am gyfraniad Arwyn Tŷ Isa yng nghyd-destun setiau y sioeau gwahanol. Yn ddi-feth, byddai T'is yn

cyrraedd pob theatr ym mhob twll a chornel o Gymru mewn da bryd. Dau o aelodau eraill y Cwmni a fu'n teithio gydag Arwyn i'w helpu fyddai Tom Rees ac Ifan Owen (Llwydiarth Hall). Cafodd Arwyn ei holi gan Beti George unwaith, ar gyfer rhaglen deledu'n seiliedig ar

"Sioe Hele
Aberystwyth
ddefnyddio
Baines yn
meics gyd
ôl deg mu
a Penri
Symud
llwyfan
munud
sioe."

Erbyn i
eisioes
Hefin
Opus
recor
Hefir
Adlo
a h
yn
Si:
o'
g

weithgareddau'r Cwmni. Bu'n sôn am storio setiau'r Cwmni ar ei ffarm Tŷ Isaf, ger Llanfair Caereinion, a hefyd sut aeth o ati i greu trelar pwrpasol ar gyfer cludo'r setiau gwahanol. Hen *chassis* carafán oedd y sylfaen iddo ac fe gafodd y trelar ei fedyddio'n *cruise missile* wrth i T'is rodio trwy fryniau Maldwyn. Mi ddywedodd wrth Beti George ei fod o'n poeni am fynd â set *Pum Diwrnod o Ryddid* yr holl ffordd i Gaerfyrddin, gan nad oedd o wedi bod yno erioed yn ei fywyd. Yr unig beth a wyddai am Gaerfyrddin oedd bod o rywbeth i'w wneud efo Pobol y Cwm! "Beth wnaethoch chi te Arwyn?" gofynnodd Beti iddo. "Wel, mi es lawr i Gaerfyrddin ddiwrnod cyn y sioe," atebodd yr hen T'is, "er mwyn i mi fod yn siŵr o fod yno mewn pryd!" Roedd o'n storio'r setiau yn ei siediau ar y ffarm, gan ailgylchu rhannau ohonynt i bwrpas gwahanol yn aml. Ar ddiwedd Eisteddfod Genedlaethol Meifod yn 2003, dwi'n amau i mi glywed fod yr hen T'is wedi ailgylchu'r carpedi o'r ystafelloedd gefn llwyfan! Roedd Arwyn Tŷ Isa yn asgwrn cefn Cwmni Theatr Maldwyn ac yn cyfrannu cymaint mwy yn yr ardal i Aelwyd Penllys, Côr Meibion Llanfair Caereinion a nifer o gymdeithasau eraill. Colled aruthrol sydd ar ei ôl, a diolchwn am ei ymroddiad llwyr i'r Cwmni. Fel y canodd Myrddin ap Dafydd yn ei gywydd coffa iddo: *"Tywysog oedd Tŷ Isa".*

"Oherwydd fod y stori wedi'i chyflwyno fel chwedl a allai berthyn i unrhyw gyfnod mewn hanes fe ryddhawyd Meri Wells a Medi James a'u tîm o gynllunwyr dillad a minnau fel cynllunydd y set o hualau llythrennol hanesyddol. Cynlluniais y set i adleisio adeiladwaith cyntefig o wiail a defnyddiais ddelwedd Eryr Pengwern ar dair baner fawr yn y cefndir. Byddai adleoli'r baneri'n fodd cynnil i gyfleu'r gyflafan ar ddiwedd y sioe."

Gareth Owen
Rhyw LUN o Hunangofiant
Gwasg Carreg Gwalch

Roedd Linda wedi penderfynu mai creu offerynwaith electronig gydag allweddellau Korg M1 fyddai'n gweddu i gerddoriaeth y sioe, gyda Elfed ap Gomer ar ddrymiau electronig yn ogystal. Roedd Linda'n chwarae piano ar un Korg M1, gyda Marian Wilson a Huw Davies ar yr allweddellau eraill. Fe aethon ni i siop yn y Drenewydd a phrynu tri Korg M1 ar gryn gost, ond fe fuon nhw ganddon ni am flynyddoedd lawer gan dalu amdanynt eu hunain yn y pen draw. Mae Marian, Huw ac Elfed oll wedi bod yn rhan o fandiau'r Cwmni droeon gan roi gwasanaeth hollol wych ar bob achlysur. Cerddorion arbennig, yn

Pan oedd

ar gyfer y si

hynny, roed

ei hun a oe

ar gyfer po

byddai'n

iddo sych

ben. Ych

amgyffre

iddi. Un

raglen

oedd w

o'n at

ddefn

Heled

gyfe

Lind

ceis

nev

rhv

fa

g

y

PENNOD WYTH

ANN!

Wrth i'r newyddion gyrraedd bod yr Eisteddfod Genedlaethol yn dod i Feifod yn 2003, yn fuan wedi'r cyhoeddiad daeth gwahoddiad i'r tri ohonom greu sioe gerdd newydd ar gyfer yr achlysur. Tudalen lân arall! Roedd amryw o bobl wedi crybwyll Ann Griffiths fel testun ar gyfer y sioe newydd, ond roedd y tri ohonom braidd yn bryderus wrth ystyried creu sioe gerdd am arwres cenedl unwaith eto. Ystyrir Ann Griffiths nid yn unig yn un o emynwyr gorau Cymru, ond yn un o emynwyr mawr Ewrop. Wrth ystyried lle y'i magwyd yng nghefn gwlad Maldwyn, a'i haddysg weddol elfennol ar aelwyd Dolwar Fach, mae'n rhyfeddol ei bod hi wedi ysgrifennu emynau mor nwydus a chofiadwy, emynau sydd wedi goroesi'r canrifoedd. I'r Cymry, mae hi bron â bod yn Santes, a phwy mewn difrif fyddai'n mentro ysgrifennu sioe gerdd am un a oedd â lle mor aruchel ym meddylfryd ein cenedl? Wrth ymdrin ag arwr arall, sef Owain Glyndŵr yn y *Mab Darogan,* roedden ni'n bendant o'r farn y bydden ni'n edrych ar bob agwedd o'i fywyd, ei lwyddiannau a'i fethiannau, ei fywyd fel gŵr a thad, ei arweinyddiaeth fel gwladweinydd a gwrthryfelwr. Mae ceisio creu darlun cytbwys o arwr fel Owain Glyndŵr yn anodd, gan fod iddo yntau ryw le chwedlonol ac aruchel yn ein hanes, fel nad oeddem am greu "duw" ohono, ond adrodd ei stori yn onest a diffuant fel yr oedden ni'n ei gweld hi. Ac felly gydag Ann Griffiths, roedd ganddon ni ychydig o ofn wrth feddwl pa fath o sioe allen ni ei chreu. Byddai'n rhaid i'r sioe gerdd fod yn ddramatig a deniadol, gan edrych ar bob agwedd o'i bywyd byr a cheisio treiddio i mewn i feddylfryd y ferch ifanc a ddisgrifiwyd gan Cynan fel "y danbaid, fendigaid Ann". Dwi'n fodlon cyfaddef fan hyn, fod ganddon ni amheuon ynglŷn â cheisio creu sioe gerdd a fyddai'n deilwng o fywyd yr emynyddes ifanc a anwyd yn 1776 ac a fu farw yn naw ar hugain oed.

Cyn penderfynu mynd amdani, fe aethom yn betrusgar i ymweld â Dolwar Fach, sef cartref Ann Griffiths hyd ei marwolaeth yn 1805. Fe heriaf unrhyw un i ymweld â'r fangre hon ac ymsuddo i'r hud sydd yno, i syllu i'r "myrtwydd", ac i feiddio dod oddi yno'n gwadu angerdd y lle a'r profiad. Mae yna'n bendant ryw hudoliaeth yn Nolwar Fach! Ar ôl

ambell dro wrth geisio ymollwng i'r gorfoledd sy'n tonni drwy emynau'r ferch ifanc nwydus, ryfedd honno o Sir Drefaldwyn gynt."

Bu tad Ann, John Thomas, farw yn Chwefror 1804, ac ym mis Hydref 1804 priododd Ann â Thomas Griffiths yn Eglwys Llanfihangel. Diddorol yw nodi na fu'n bosib iddynt briodi mewn capel anghydffurfiol yn y cyfnod hwn o ran cyfraith gwlad. Yng Ngorffennaf 1805, ganwyd merch, Elizabeth, i Ann a Thomas ond bu farw o fewn pythefnos i'w genedigaeth, ac o fewn dyddiau wedyn, bu farw Ann ei hun. Claddwyd Ann yn Eglwys Llanfihangel ar 12 Awst 1805, a'r Sul dilynol traddododd John Hughes bregeth angladdol iddi yng Nghapel Uchaf Pontrobert. Yn 1845 cyhoeddodd John Hughes ei fersiwn ef o lythyrau Ann ato. Yn fyr, dyna'r hanes a fu'n gefndir i'n sioe gerdd ni, sef *Ann!*.

"Yna, y foment fawr, siŵr gen i, sef paratoi ar gyfer y perfformiad gwefreiddiol o Ann ym mhafiliwn Eisteddfod Genedlaethol Meifod yn 2003 a chyfle go iawn i weithio gyda'r tri ohonynt ac amryw o rai eraill oedd yn cynorthwyo i lwyfannu'r cyfan. Cymaint oedd y disgwyl am y sioe fel bod y tocynnau ar gyfer y pafiliwn wedi eu gwerthu i gyd o fewn rhyw bythefnos ac roedd hynny ar yr adeg pan oedd y pafiliwn yn dal dros 4,000 o seddau!! Caem aml i sgwrs a thrafod ac weithiau dadlau a rhaid cofio mai gwallt cringoch oedd gan Derec ond eisiau'r gorau yr oedd pawb. Cofiaf yn dda yr ymarferion a rhyfeddu at ddawn y tri, Penri a Derec yn llwyfannu a Linda yn frenhines y nodau a'r cordiau yn gweithio'r alawon hyfryd hynny sy'n fyw yn y cof o hyd. Gweld y parch a'r ymroddiad gan bawb a'r penderfyniad gan y criw oedd ar y llwyfan i wneud y gorau ac i blesio'r tri a rhoi gwledd i'r gynulleidfa. Noson i'w chofio oedd honno ar y nos Iau ym Meifod."

Hywel Wyn Edwards
Cyn-Drefnydd yr Eisteddfod
Genedlaethol

Yn ôl â ni at yr ymchwil. Buom yn cynnal sgyrsiau gyda Nia Rhosier, un sydd wedi gwneud gwaith rhyfeddol o wych wrth ofalu am Gapel John Hughes ym Mhontrobert, a'r Athro Derec Llwyd Morgan ym Mhrifysgol Aberystwyth, un arall sydd wedi ysgrifennu'n helaeth am Ann a'r achos anghydffurfiol yng Nghymru. Aethom draw i'r Llyfrgell Genedlaethol yn Aberystwyth hefyd i gyfarfod Huw Ceiriog ac fe drefnodd o i ni gael gweld yr unig lythyr sydd ar gael yn llawysgrifen Ann ei hun. Daeth Swyddog o'r Llyfrgell â'r llythyr i mewn i ryw ystafell fechan yno ac roedd yn rhaid i ni wisgo menig gwynion er diogelwch y ddogfen. Fe safodd y swyddog y tu ôl i ni'n tri gan gadw llygad barcud arnom, a phwy a all weld bai arno am wneud hynny, gan mai trysor cenedlaethol oedd ar y bwrdd o'n blaenau ni. Yn wir, teimlem ei fod yn anrhydedd cael gweld y ddogfen ryfeddol hon; roedd fel petai ein bod yn cyffwrdd ag Ann ei hun. Fe glywais sawl tro dros y blynyddoedd honiadau fod Ann yn anllythrennog ac mai Ruth ei morwyn (a gwraig John Hughes ymhen amser) a fu'n gyfrifol am gofnodi ei hemynau. Ond bobl bach, mae'r llythyr at Elizabeth Evans ei ffrind mewn llawysgrifen coeth, ac yn un o blygion y llythyr mae'r bennill o'r emyn "Er mai cwbl groes i natur yw fy llwybr yn y byd", unwaith eto yn ei llawysgrifen ei hun. Llawysgrifen

daclus, gywrain, merch ifanc na chafodd fawr o addysg ffurfiol. Dywedir fod cartref Ann, Dolwar Fach, yn croesawu beirdd a phobl ddysgedig y cyfnod a'i bod hithau trwy hynny yn cael mynediad at ddiwylliant yr ardal. Mae sôn hefyd bod Ann yn deall rhinweddau'r gynghanedd a bod prydyddu yn dod yn weddol hawdd iddi. Yn ystod cyfnod ein hymchwil, fe ddaethom ar draws cerdd gan y bardd enwog R.S. Thomas, *Fugue for Ann Griffiths*. Dyma ychydig linellau o'r gerdd:

> *Here for a few years*
> *the spirit sang on a bone bough*
> *at eternity's window, the flesh trembling*
> *at the splendour of a forgiveness*
> *too impossible to believe in, yet believing.*

O'r gerdd hon y daeth y gân, "Aderyn ar fore o Fai" a ganwyd mor deimladwy a gorfoleddus gan Edryd Williams yn y sioe *Ann!*.

Thomas Griffiths – Edryd Williams
"Ti yw'r aderyn ar fore o Fai")

Mae'r holl ddarllen a thrafod yn arwain at y Llyfr, sef gosod allan y gwahanol gymeriadau a'r golygfeydd sy'n rhan o'n stori ni. Fe allem wrth gwrs, fod wedi dewis ysgrifennu pasiant amdani, gan gynnwys ei hemynau, ac efallai y byddai hynny wedi plesio llawer o bobl. Ond pobl sioeau cerdd oedden ni'n tri, a sioe gerdd fyddai ein *Ann!* ni. Wrth greu y Llyfr fe ddaethom i'r penderfyniad mai tri prif gymeriad fyddai yn y sioe hon, sef Ann, John Hughes a Iesu Grist. Yn ei soned i Ann Griffiths, mae'r bardd Gwenallt yn crybwyll syniadaeth o'r fath:

Wrth odre porffor diwnïad wisg,
Ac yn eich neithior roedd y gwin yn goch,
A'r bara yn berarogl yn eich mysg.
Ond crwydret ti o'th addunedau i gyd
I hen gynefin dy bechodau erch,
A chrynai d'angerdd ym mhuteindai'r byd
Wrth ganu cân dy briodasol serch ...

Gan fod John Hughes yn fentor i Ann yn ystod blynyddoedd ei chyfriniaeth ysbrydol, roedd o'n ffigwr pwysig yn ei bywyd. Fel dyn, roedd o'n cael yr holl brofiadau nad oedd ar gael i Ann. Roedd o'n cael teithio i bregethu i wahanol ardaloedd ac i wrando ar rai o fawrion Methodistiaeth. Roedd o'n cael trafod yn ddwys gyda phobl amrywiol, agweddau gwahanol ar grefydda. Profiadau ail law a dderbyniai Ann trwy wrando ar John Hughes yn adrodd am ei brofiadau a thrwy ei lythyrau ati. Yn y sioe Ann!, fe benderfynon ni, yn gam neu yn gymwys, fod John Hughes mewn cariad gyda Ann – ond ni allai Ann ei garu ef, gan mai Iesu Grist oedd ei chariad. Fe ofynnon ni'r cwestiwn hwn i'n hunain: "Pam fod John Hughes wedi aros 40 mlynedd cyn rhyddhau emynau a llythyrau Ann?" A'r ateb i'r cwestiwn hwn yn ein barn ni oedd: oherwydd ei gariad dynol tuag ati, nad oedd o ddim eisiau ei rhannu hi gyda'r byd. Ar ddiwedd ein cynhyrchiad ni, mae John Hughes yn rhannu ei hemynau i'r byd ar ddiwedd y "Requiem i Ann". Pam felly wnaeth hi briodi Thomas Griffiths flwyddyn yn unig cyn ei marwolaeth? Dyma'r ateb yn ein tyb ni: yn dilyn marwolaeth ei thad, Ann oedd yn gyfrifol am ffarm y teulu ac roedd arni angen cymorth dyn i sicrhau ffyniant y ffarm honno. Does dim sôn bod gan John Hughes lawer o sgiliau amaethu ac roedd Ann wedi dod i adnabod Thomas Griffiths trwy'r seiat ym Mhontrobert. Felly, eto yn ein tyb ni, a chan hawlio trwydded creadigrwydd, priodi o ran ymarferoldeb a wnaeth, gan barhau i fynnu mai Crist oedd ei gwir gariad.

Fe wnaethom ni benderfyniad arall, reit ar ddechrau'r broses o gynllunio: "Fyddwn ni ddim yn defnyddio emynau Ann Griffiths!" Beth sydd yn rhyfedd, neu efallai yn "gyfriniol"

hyd yn oed, oedd bod geiriau ac ymadroddion Ann weithiau yn treiddio i mewn i'n *libretto*, yn aml heb i ni sylweddoli hynny. Yn wahanol i bob un o'n sioeau ni hyd yma, fe benderfynon ni agor y sioe gyda diwedd y stori, sef yn angladd Ann ym mynwent Llanfihangel. Efallai ei bod yn ymddangos yn *macabre* i rai, ond fe agorodd yr olygfa gyntaf gyda chriw o ddynion yn cario arch Ann i'r llwyfan i gefndir y Corws yn canu Requiem yn

Lladin, er mwyn dangos mai yn yr Eglwys Anglicanaidd y cynhaliwyd y gwasanaeth ac i greu naws y cyfnod hwn. Câi pobl fyw fel anghydffurfwyr – ond byddai'n orfodol iddynt gael ei bedyddio, eu priodi a'u claddu fel eglwyswyr.

Rai blynyddoedd ar ôl i ni orffen perfformio sioe *Ann!* ro'n i'n traddodi darlith ar sioeau Cwmni Theatr Maldwyn yng Nghrymych, Sir Benfro. Tra yr oeddwn i wrthi'n siarad ac yn dangos clipiau fideo o *Ann!* fe sylwais fod yna fachgen gyda Syndrom Down yn y gynulleidfa, yn glynu wrth bob gair a lefarais. Ar ddiwedd y noson, daeth ef a'i dad i gael sgwrs efo fi ac fe ddywedodd y tad fod ei fab wedi gwirioni cymaint gyda sioe *Ann!* fel ei fod yn gallu canu'r holl ganeuon. Yn fwy na hynny, fe fynnodd y bachgen fod y tad yn gwneud arch fechan o bren iddo ac fe fyddai'n cario'r arch i lolfa'r tŷ gan ganu'r Requiem. Anghofia i byth y sgwrs hyfryd a gefais gyda Meilyr y noson honno. Ro'n i'n pacio'r papurau a'r fideos VHS i mewn i fy mag, ac ar y pryd roedd fideo VHS y sioe *Heledd* yn fy llaw. Edrychodd Meilyr i fyw fy llygaid gan ddweud fod ganddo fideos o'n sioeau i gyd – ar wahân i *Heledd*! Estynnais y fideo iddo ac fe addawodd ei phostio nôl i mi ar ôl gwneud copi ohoni. Welais i byth mo'r fideo ond does dim ots am hynny, gan imi deimlo mor falch wrth weld y gwerthfawrogiad gwylaidd yn ei lygaid.

Daeth Cwmni Teledu Opus/RondoMedia yn rhan fawr o'n cynlluniau o'r cychwyn y tro hwn. Fe gawson nhw gomisiwn gan S4C i ffilmio'r Cwmni gydol y daith, o'r ysgrifennu/cyfansoddi hyd y perfformiad byw ym mhafiliwn yr Eisteddfod. Fe gawson nhw hefyd gomisiwn i recordio'r sioe ei hun, ond fyddai hynny ddim yn digwydd hyd nes y byddai ein taith ar ben. Trwy fod Cwmni Opus yn rhan ganolog o'r fenter o'r cychwyn cyntaf, roedden nhw hefyd, ynghyd â'r Eisteddfod Genedlaethol, yn cyfrannu'n ariannol tuag at gostau'r cynhyrchiad. Ac roedd *Ann!* yn mynd i fod yn gostus iawn i'w llwyfannu, nid yn unig ar lwyfan y Brifwyl ond hefyd ar daith. Fel rhan o'n cytundeb gydag Opus, fe gytunon ni i gael Gerald Murphy i gynllunio'r set, gŵr a oedd wedi cynllunio setiau yn rhyngwladol ac wedi gweithio'n gyson gyda Hefin Owen a Mervyn Williams. Fe gawson ni nifer o gyfarfodydd gyda Gerald – fe ddaeth â chynlluniau dechreuol atom ar ffurf brasluniau ac fe gawsom ninnau gyfleoedd i roi sylwadau ar ffurf a siâp y set, yn ogystal â'i hymarferoldeb. Roedd "ystafell" Ann yn bwysig i ni, sef yr ystafell lle y byddai yn gweddïo am oriau. Fe grëwyd yr ystafell uwchben "cegin" Dolwar Fach o ran y set, ac yn y sioe gerdd, dim ond Ann oedd yn cael defnyddio'r ystafell hon. Dyma lle yr oedd hi'n cyfarfod Iesu Grist, a dyma lle yr oedd hi'n mynd i ystâd gyfriniol; o'r ystafell hon y deuai emynau Ann ac felly roedd hi'n ganolog i'r cynhyrchiad.

Fel enghraifft o'r problemau a all godi wrth osod set a llwyfannu sioe gerdd ar lwyfan yr Eisteddfod Genedlaethol, roedd y diwrnod o ymarfer a gawsom cyn i'r Eisteddfod gychwyn ym Meifod yn un anodd dros ben. Am unwaith roedd ganddon ni'r diwrnod cyfan i baratoi, gan mai ar nos Iau yr

Merched drwg Pontllogel!!

Eisteddfod y byddai sioe *Ann!* ymlaen. Roedd nifer o aelodau'r Cwmni wrth law i helpu gyda'r gwaith o godi'r set, wrth i Gerald a'i weithwyr osod y cyfan ar y llwyfan gwag. Buom wrthi am rai oriau, cyn i ni fodloni fod popeth yn ei le. Yna, fe gyrhaeddodd Alun Gwynant, Swyddog Technegol yr Eisteddfod, ac o fewn dim, roedd o wedi ei chondemnio!

Yn rhinwedd ei swydd a'i gyfrifoldebau o ran diogelwch pobl, roedd o'n mynnu nad oedd set *Ann!* yn saff. Dyna ni mewn dipyn o bicl rŵan, roedd hi'n bryd i ni ddechrau ymarfer ar y llwyfan – ond daeth stop ar bopeth. Trwy lwc, roedd ganddon ni aelod o'r Cwmni, John Bowen, a oedd yn beiriannydd sifil, ac fe awgrymodd o welliannau a fu maes o law yn

dderbyniol i Alun Gwynant. Fe aeth nifer o aelodau'r Cwmni ati i lifio darnau o bren a bu John Bowen yn gweithredu fel fforman. Dyma ddangos, unwaith eto, hyblygrwydd a dawn ein haelodaeth.

Bu'r gwaith o ysgrifennu'r sioe yn mynd ymlaen yn ddwys yn ystod 2002; Derec a minnau'n rhannu'r golygfeydd rhyngddom, er mwyn ysgrifennu'r geiriau i'r darnau gwahanol, ac yna'n cyfarfod Linda i weithio ar yr alawon. Yn y sesiynau hyn roedd y tri ohonom ar ein gorau yn fy marn i, gan ein bod erbyn hyn yn deall ein gilydd ym mhob ffordd. Yn aml, ar ddydd Sul yng Nghanolfan Glantwymyn, fe fydden ni'n treulio'r diwrnod yn edrych ar eiriau gwahanol yr oedd ynteu Derec neu fi wedi'u creu ar gyfer pa bynnag ran o'r sioe, ac yna'n dechrau creu alawon. Roedd o'n waith dwys iawn ac ar ddiwedd pob diwrnod fe fydden ni wedi ymlâdd yn llwyr. Mae'n anodd egluro pam fod gwaith fel hyn yn sugno cymaint o egni rhywun, ond dwi'n sicr o ran fy mhrofiad i, Derec a Linda, ar ôl cyrraedd adre ar ddiwedd sesiwn o'r fath, roedd gofyn mynd i orwedd i lawr mewn ystafell dywyll am ychydig.

Roedd un o'r dyddiau Sul hynny yn aros yn y cof i'r tri ohonom. Roedden ni'n trafod dwy olygfa'r bore Sul hwnnw; yr olygfa lle mae Ann yn mynd yn fore i Eglwys Llanfihangel i gyfarfod y Ficer i geisio cael ateb i'w chwestiynau, a lle mae o'n ceisio ei threisio, ac yna'r olygfa sy'n ei dilyn, pan mae John Hughes yn dod i'w chodi o'r llawr a'i chario i'w chartref. Roedd Derec wedi cyflwyno'r geiriau ar gyfer yr olygfa yn Llanfihangel ac roedd yr olygfa hon yn un anodd iawn ym mhob ystyr. Buom wrthi'n chwysu am oriau wrth chwilio am y naws a'r teimlad cywir, ac yna'r alawon a fyddai'n gydnaws â'r digwyddiad, heb fod yn felodramatig, gan y byddai hynny'n lladd y cyfan. Canlyniad y gweithio dwys hwnnw yw'r gân "Dwi'n Oer" – ond credwch fi doedd hi ddim yn oer yn yr ystafell honno yng Nglantwymyn! Roedden ni wedi chwysu gwaed dros un olygfa, golygfa sy'n ganolog i holl deithi meddwl y ferch ifanc o Ddolwar Fach. Oherwydd natur ac emosiwn yr hyn yr oedden ni newydd orffen ei greu, daeth yn amser i ni gael paned a hoe. Roedd y tri ohonom yn gytûn na fyddem yn cyflawni dim mwy y diwrnod hwnnw, gan fod yr un olygfa hon wedi sugno pob owns o egni a feddem. Wrth ofyn i ynteu Linda neu fi i roi'r tegell ymlaen, fe gyhoeddodd Derec ei fod o'n mynd i'r tŷ bach, ac o ran profiad, gwyddem y gallai hynny gymryd peth amser! Cyn mynd i'r tŷ bach, ysywaeth, fe daflodd o eiriau'r olygfa nesaf ar y bwrdd o'n blaenau, lle mae John Hughes yn dod i achub Ann. "Jest cymrwch olwg ar hwn," meddai, "mi fydda'i nôl mewn munud." Alla i ddim egluro'r rheswm am beth ddigwyddodd ar ôl iddo ein gadael, ond pan ddaeth o nôl i'r ystafell, roedd Linda a minnau wedi creu yr alaw ar gyfer y gân "Gad i mi dy dywys di." Efallai, oherwydd y gwewyr o greu'r gân flaenorol, ei bod hi'n braf cael creu rhywbeth gobeithiol, cynnes. Pwy a ŵyr, efallai bod rhywbeth mwy arallfydol, neu gyfriniol, wedi digwydd y bore hwnnw yng Nglantwymyn.

Un peth oedd ysgrifennu'r Llyfr, peth arall oedd ysgrifennu'r geiriau, ac fel y gwelwyd uchod, peth gwahanol eto oedd creu yr holl alawon ar gyfer y cyflwyniad. Wedi gwneud hyn i gyd, roedd Linda'n gorfod creu sgôr a threfniant lleisiol ac roedd hynny'n fynydd o waith iddi. Mae ei dawn anhygoel i greu trefniannau lleisiol yn ddiarhebol bellach, a chan y byddai corws unwaith eto'n rhan o'n cyflwyniad, roedd gofyn am greu digonedd o drefniannau ar eu cyfer. Golygai hyn oriau

lawer o waith gyda'r nos ac ar benwythnosau iddi. Dichon bod rhai pobl yn cymryd yr holl waith a'r talent hyn yn ganiataol weithiau, gan feddwl bod creu trefniannau cymhleth fel hyn yn hawdd, fel petai rhywun yn bwydo gwybodaeth i mewn i beiriant gan ddisgwyl i'r trefniant ddod allan y pen arall. Gwrandewch ar y "Requiem i Ann" ar ddechrau ac ar ddiwedd y sioe i gael rhywfaint o werthfawrogiad o allu a dawn Linda.

Daeth yn amser galw'r Cwmni ynghyd, ac oherwydd fod yr Eisteddfod Genedlaethol yn dod i Faldwyn, roedd yna gyffro mawr yn yr ardal, cymaint felly ein bod wedi denu mwy nag erioed o bobl i fod yn rhan o'n sioe gerdd newydd. Amcangyfrifir bod oddeutu 200 o bobl wedi ymaelodi ar gychwyn y fenter ac er bod rhai wedi syrthio ar ymyl y ffordd wrth i'r ymarferiadau gynyddu, roedd dros 150 o bobl yn cymryd rhan ar lwyfan y brifwyl yn 2003. Yn fuan ar ôl cychwyn ymarfer, fe ddechreuon ni gynnal gwrandawiadau ar gyfer y rhannau unigol. Byddai hyn yn digwydd ar brynhawn Sul yng Nglantwymyn fel rheol, a byddai'r aelodau a oedd â diddordeb mewn cael rhan unigol yn troi i fyny i ganu un o'r caneuon yr oedden ni wedi'u dewis ar gyfer y gwrandawiadau hyn. Roedd y sesiynau hyn yn wych i ni fel awduron, ond yn frawychus efallai i'r rhai a oedd yn gorfod sefyll o'n blaenau i ganu a pherfformio. Roedden ni bob

amser yn ceisio bod yn agored a theg o ran rhoi digon o gyfle i'r aelodau ganu ac ail-ganu darnau weithiau, ond yn y pen draw, roedd yn rhaid i ni'n tri ddod i benderfyniad o ran pwy fyddai'n chwarae'r gwahanol rannau. Un peth dadleuol efallai: oherwydd fod camerâu Teledu Opus yn ffilmio'r gwrandawiadau hyn, roedd yn rhoi pwysau ychwanegol ar y rhai a oedd yn cynnig (ac yn ddigon dewr) am y rhannau hyn. Trwy lwc, y cymeriad addfwyn a hwyliog, Garmon Emyr, oedd yn cynhyrchu'r rhaglen hon, ac fe dreuliodd lawer o amser yn dod i adnabod y Cwmni, trwy ffilmio rhai o'r ymarferion a ffilmio rhai o'r aelodau wrth eu gwaith ac yn eu cartrefi. Daeth, i bob pwrpas, yn aelod o'r Cwmni am gyfnod – cymaint felly, pan oedden ni'n perfformio'r sioe yn Neuadd Dewi Sant yng Nghaerdydd, fe deithiodd i lawr o'r Gogledd, gyda'i fraich mewn plastr ac yn gyrru efo un llaw, er mwyn bod yn y parti ar ddiwedd y noson yn Ngwesty'r Angel! Wariar neu be?

> *"Mae'r atgofion sydd gennyf o Ann yn niferus. Perfformio 'Cysga mhlentyn' am y tro cyntaf mewn ymarfer o flaen pawb, bod yn fy nagrau yn gwrando ar Edryd yn canu 'Yr Aderyn ar Fore o Fai', croesi bysedd a gweddïo na fyddai Aled yn fy nghwympo ar y llwyfan (nath o rioed wneud, diolch byth fod o'n fachgen cryf!), meicroffon ddim yn gweithio ar ganol perfformiad a chwympo dro ar ôl tro pan yn ffilmio'r olygfa o Ann yn mynd yn sâl! (Poenus iawn!) Er yr amrywiaeth o atgofion, dyma beth oedd Sioe a thaith hollol anfarwol! Pleser o'r mwyaf oedd cael ymgymryd â rhan Ann yn y sioe hon. Sioe anhygoel a chaneuon a fydd yn aros yn fy nghof am byth!"*
>
> **Sara Meredydd**

Unwaith eto, fel yn hanes y sioe *Heledd*, Sara Meredydd a ddaeth i'r brig a hi a ddewiswyd i chwarae rhan Ann. Dewiswyd Aled Wyn Davies i chwarae rhan John Hughes, gyda Barri Jones yn eilydd iddo.

"Un o'r profiadau mwya nerfus oedd yr ymarfer yr wythnos wedyn pan gyhoeddwyd enwau'r prif rannau ac, yn ddiarwybod i mi, daeth cais i mi ganu fy nghân o flaen y cast i gyd. Roeddwn yn nerfus tu hwnt, oherwydd mae canu o flaen ffrindiau fel yna yn gallu bod yn reit 'daunting'! Ond mi aeth popeth yn iawn ac roedd pawb yn clapio ac yn gweiddi wedi imi ganu. Dwi'n credu bod y profiad hwnnw wedi helpu ac os oeddwn yn gallu canu o flaen y criw fel yna, bydde wynebu unrhyw gynulleidfa dipyn haws.

Mae'n rhaid i mi gyfadde nad oeddwn yn gwybod digon am hanes Ann Griffiths cyn y cyfnod hwn, felly es ati i wneud tipyn o waith ymchwil am yr emynyddes, a phwy oedd John Hughes. Ces gyfle i fynd i Bontrobert i gapel John Hughes, a chael sefyll yn y pulpud simsan! Mae stepiau serth i fynd i fyny iddo a dim ond coed bach ysgafn sy'n dal y pulpud i fyny o'r llawr. Doeddwn i ddim yn teimlo'n gyfforddus o gwbl am fod arna i ofn ei dorri, ond mentrais ganu 'Gad i mi dy dywys di'. Roedd naws arbennig yn y capel bach, ac roeddwn mor falch o allu troedio'r tir lle y bu John Hughes ei hun yn weinidog."

Aled Wyn Davies
O'r Gwlân i'r Gân, Y Lolfa

O ran y cymeriadau eraill, dewiswyd Edryd Williams i chwarae rhan Thomas Griffiths, gŵr Ann, y profiadol Geraint Roberts i chwarae rhan y Ficer, Rhodri Prys Jones fel Tad Ann, Dafydd Wyn Edwards fel ei brawd, Arwel Evans fel y pregethwr Benjamin Jones a Rhian Arwel i chwarae rhan cyfaill Ann. Ar y daith ac yn y telediad maes o law, chwaraewyd rhan y ffrind gan Catrin Fflur.

Requiem i Ann

Fe aeth yr ymarferion yn dda ar ddechrau Ionawr 2003, er nad oedd Derec, Linda a minnau wedi gorffen ysgrifennu'r sioe tan tua'r Pasg. Doedd dim byd yn newydd yn hynny o beth, gan mai felly y buodd hi erioed. Wrth gwrs, ar ôl y Pasg, roedd yr ymarferion a'r pwysau'n cynyddu, gyda'r Eisteddfod ar y gorwel. Roedd *Ann!* yn anferth o sioe ym

mhob ystyr, gyda chast enfawr a'r angen i gael gwisgoedd addas ar gyfer dros 150 o bobl. Selina Dafydd a fu'n gyfrifol am y gwisgoedd gyda Heulwen Jones yn ei chynorthwyo, John Penny am y cynllun golau a Jên Angharad am y symudiadau. Gwaith heriol dros ben oedd i Jên geisio cael trefn ar 150 o bobl wrth ddysgu symudiadau iddynt. Byddai'n sefyll ar lwyfan Canolfan Glantwymyn ac yn ceisio cyfarwyddo'r holl bobl a oedd wedi'u lleoli ar lawr y neuadd. Mi fuodd hi'n draed moch yn aml, ac ar adegau roedden ni'n anobeithio o ran cael trefn ar y coreograffi. Yn aml, gweithio gyda'r prif gymeriadau yn y bore fyddai hi, ac yna gweithio gyda'r corws yn y prynhawn. Chwarae teg i Jên Angharad, roedden ni wedi gosod tasg a oedd bron yn amhosib iddi ac erbyn y perfformiad ar lwyfan y Brifwyl roedd hi wedi cyflawni gwyrthiau.

Ar ôl datrys y problemau gyda'r set a nodwyd eisioes, treuliwyd yr ychydig oriau ar ddiwedd prynhawn dydd Iau yr Eisteddfod yn ymarfer, coluro ac sicrhau ansawdd da o ran y sain. Fel yr wyf wedi sôn yng nghyd-destun ein sioeau eraill yn y Pafiliwn, nid mater hawdd yw cael sain o ansawdd da. Yn wir, gall fod yn hunllefus o anodd. Ar gyfer y band yn y perfformiad yn Eisteddfod Maldwyn 2003, roedd Linda ar y piano wrth gwrs, Marian Wilson a Huw Davies ar yr

allweddellau a Charli Britton ar y drymiau. Mater o falchder i mi oedd fod fy meibion i, Iestyn ar y gitâr fas a Dylan ar y gitâr flaen, hefyd yn aelodau o'r band. Ar y daith ac ar gyfer y telediad a chynhyrchu'r CD, Elfed ap Gomer a fu'n chwarae'r gitâr fas. Am y tro cyntaf yn ei hanes, roedd Branwen Haf, merch Derec, yn ddigon hen i fod yn rhan o'r corws hefyd. Sioe deulu go iawn felly. Gan fod cymaint o ffactorau a all fynd yn eich erbyn wrth berfformio sioe ar lwyfan yr Eisteddfod Genedlaethol, mae'n wyrth fod y cynhyrchiad wedi llwyddo ym mhob ystyr. Diolch i bawb, aelodau'r Cwmni, yr holl staff technegol ac i swyddogion yr Eisteddfod ei hun, fe gafwyd noson wefreiddiol ym Meifod ac wrth gwrs, fe gawsom ni barti ar ddiwedd y noson ar Faes Carafanau Henllan nid nepell o Faes yr Eisteddfod ei hun. Parti a aeth ymlaen hyd oriau mân y bore oedd hi hefyd!

Ar ôl hoe fach dros weddill yr haf fe ddechreuon ni feddwl am gynnal taith o'r sioe. Ar y pryd, roedd Linda, Derec a minnau yn weddol sicr yn ein meddyliau mai Ann! fyddai'r sioe olaf i ni ysgrifennu gyda'n gilydd. Roedd creu y fath anghenfil o sioe yn sicr wedi bod yn drwm ym mhob ystyr. Efallai ei bod hi'n anodd egluro i bobl, hyd yn oed aelodau'r Cwmni, faint o waith oedd creu sioe gerdd fel hon; nid yn unig y broses faith o ymchwilio, cynllunio, ysgrifennu a chyfansoddi, ond hefyd y cynhyrchu/ cyfarwyddo, trefnu ymarferiadau a llu o ddyletswyddau eraill cyn i'r sioe gyrraedd y llwyfan.

Tua diwedd Awst 2003, daeth cais gan gyn-aelod o'r Cwmni, Catrin Fychan, yn gofyn a fydden ni'n ystyried dod â'r sioe i Venue Cymru yn Llandudno. Roedd Catrin yn aelod o Ladies Circle Llandudno ac roedd yr aelodau ar y pryd yn cefnogi elusen Clic, sef mudiad sy'n cefnogi triniaethau i blant sy'n dioddef o gancr a lewcemia. Fe gytunon ni i'r cais ac fe aeth Catrin ati i drefnu'r cyfan o ran y lleoliad a'r cyhoeddusrwydd. Fe weithiodd hi'n galed iawn ar hynny hefyd ac fe greodd raglen liwgar arbennig ar gyfer yr holl daith. Bu'r gwerthiant tocynnau unwaith eto yn syfrdanol, gan werthu allan mewn ychydig ddyddiau. Gofynnodd a fydden ni'n fodlon gwneud perfformiad ychwanegol yn ystod y prynhawn ac fe gytunon ni i'r cais hwnnw hefyd. Fe werthwyd y tocynnau ar gyfer yr ail berfformiad yn weddol gyflym hefyd, ond golygodd yr ail berfformiad ein bod yn gorfod gosod y set, y golau a'r sain yn gynt na phe byddem ond yn gwneud un perfformiad. Fe ddywedais ei bod yn anghenfil o sioe eisioes – roedd yn rhaid i'r set enfawr ddod o stordy Gerald Murphy yn ne Cymru ac roedd hynny'n golygu costau aruthrol i gwmni amatur fel ni. Felly hefyd gyda'r technegwyr

PENNOD NAW

SEFYDLU
YSGOL THEATR MALDWYN

Perfformiad o sioe Y Cylch *yn 2018*

Pan ddaeth y sioe *Ann!* i ben roeddwn i'n gwybod y byddwn i'n ymddeol fel Pennaeth Ysgol Hafren ac Ysgol Dafydd Llwyd yn y Drenewydd ar ddiwedd gwyliau'r haf yn 2004. Roedd Linda'n gweithio'n rhan amser erbyn hyn ond roedd Derec yn parhau i weithio fel Dirprwy Bennaeth Ysgol y Berwyn yn y Bala. Yn 1981, fe sefydlon ni Gwmni Theatr Ieuenctid Maldwyn, ond ymhell cyn i ni berfformio *Ann!*, roedd y teitl "ieuenctid" wedi hen ddiflannu. Bu'n freuddwyd gan y tri ohonom ers amser i sefydlu ysgol theatr i bobl ifanc, gan greu cyfle iddynt ddysgu sgiliau megis canu, actio a dawns a defnyddio'r sgiliau hynny trwy berfformio sioeau ac mewn cyngherddau. Fe aethom ni ati i ymchwilio i mewn i'r peth yn 2003, gan edrych ar y posibilrwydd o ddenu nawdd a grantiau. Fe warion ni'n pres ein hunain i dalu i ryw asiantaeth greu dogfen dichonolrwydd, gan fynychu cyfarfod ar ôl cyfarfod a cheisio'n gorau i gael cymorth a chefnogaeth. Ond fel yn hanes Cwmni Theatr Maldwyn, bu'n rhaid i ni gymryd pob risg ein hunain, gan nad oedd neb eisiau cynnig arian refeniw i ni. Felly y bu o'r cychwyn yn 1981, ond roedd y tri ohonom yn benderfynol o gario mlaen gyda'r fenter, a bu'n rhaid i ni ffurfio cwmni cyfyngedig newydd dan yr enw Ysgol Theatr Maldwyn i wireddu'r freuddwyd. Oherwydd ei swydd lawn amser, doedd Derec ddim yn gallu bod

yn ein cyfarfodydd wythnosol a bu'n rhaid iddo fodloni ar weithio efo ni pan fyddai yna sioe gerdd ar y gorwel. Ond ein breuddwyd ni'n tri ydoedd, nid creu sêr ac nid cynnal breuddwydion ffôl ym mhennau pobl ifanc, ond dysgu sgiliau theatr iddynt, i fagu hyder wrth berfformio ar lwyfannau. Roedden ni'n credu'n gryf bod rhoi cyfleoedd i bobl ifanc berfformio o dan amodau proffesiynol, yn sicr o godi eu hyder personol, a hefyd bod hyder o'r fath yn gallu trosglwyddo i agweddau eraill o fywyd. Pe byddai rhai o'r bobl ifanc hyn yn y dyfodol yn awyddus i fynd i golegau drama/theatr, yna fe allent fod yn sicr y bydden nhw'n cael pob cefnogaeth ganddon ni. Ond roedden ni'n ceisio bod yn agored a gonest bob amser efo'r rheini a oedd yn awyddus i ddilyn gyrfa ym myd y theatr, gan sicrhau eu bod yn ymwybodol o anwadalrwydd gyrfa o'r fath. Mae talent ac ymroddiad yn un peth, ond mae yna elfen gryf o ddyfalbarhad a lwc yn perthyn i'r cyfan hefyd. Erbyn hyn, mae nifer o'n cyn-aelodau

wedi penderfynu dilyn gyrfa ym myd y theatr a'r cyfryngau – ond cewch fwy am yr hanes hynny nes ymlaen.

Ar y dechrau, roedd Linda a Marian Wilson (fy annwyl gyfnither) yn gyfrifol am yr ochr canu a fi'n gyfrifol am ddysgu actio. Roedden ni'n chwilio am athrawes ddawns, ond doedd hynny ddim yn hawdd. Trwy ymholi, fe ddes i wybod mai dim ond rhyw bump o bobl yng Nghymru ar y pryd a allai ddysgu dawns trwy gyfrwng y Gymraeg. Trwy fy mab i, Dylan, fe ddes i gysylltiad â merch ifanc a oedd yn byw ar y pryd yn Llanidloes, sef Melanie Jones. Roedd Mel newydd gwblhau cwrs dawns

mewn coleg yn Blackpool ac yn awyddus i gael cyfle i weithio mewn ysgol theatr. Yn anffodus, doedd hi ddim yn gallu siarad Cymraeg – a chan nad oedd ganddon ni unrhyw opsiwn arall ar y pryd, fe benderfynon ni dderbyn Mel fel ein hathrawes ddawns. Am dalent! Nid yn unig yr oedd hi'n ddawnswraig wych a oedd wedi ennill y prif wobrau yn Eisteddfod Genedlaethol yr Urdd, ond roedd ganddi'r gallu cyfriniol bron i fedru coreograffu ein sioeau, er nad oedd hi'n siarad yr iaith. A dyna ni felly, ein tîm cyntaf, yn barod i dderbyn y criw cyntaf o bobl ifanc. Yn 2004, fe ddechreuon ni gyfarfod yn wythnosol yng

Cast y sioe gyntaf, 3, 2, 1

Nghanolfan y Banw, gyda chriw o ryw 50 o bobl ifanc rhwng 11 a 15 oed. O'r dechrau, fe benderfynon ni dderbyn aelodau trwy gynnal gwrandawiadau, nid er mwyn edrych am dalentau yn unig, ond hefyd er mwyn sicrhau bod y bobl ifanc o ddifri ynglŷn â bod yn rhan o weithgarwch fel hyn. Oherwydd nad oedden ni'n derbyn cyllid o unrhyw le, bu'n rhaid i ni ofyn i'r aelodau dalu ffioedd tymhorol. Dwi'n rhyw feddwl bod pobl yn fwy tebyg o werthfawrogi cyfleoedd fel hyn os ydyn nhw'n talu ffioedd, yn hytrach na chael y cyfan am ddim. Gallwch ddychmygu rhiant yn dweud efallai, "Ti yn mynd i'r Banw heno, achos dwi wedi talu i ti fod yn rhan o hwn am dymor cyfan!"

Yn wythnosol, byddai'r bobl ifanc hyn yn derbyn sesiwn o ganu, actio a dawns, gyda'r bwriad o ddatblygu lefel eu sgiliau ar y dechrau – ac fe fyddai hynny yn arwain maes o law at gael y profiad o fod yn rhan o sioe gerdd. Erbyn diwedd y flwyddyn gyntaf honno roedden ni'n barod i berfformio'r sioe *3,2,1* gan Cefin Roberts a Gareth Glyn, yng Nghanolfan Hamdden Caereinion. Yn ogystal â Linda wrth y piano a Marian Wilson ar yr allweddellau, roedd fy mab i Dylan yn chwarae'r gitâr, ac am y tro cyntaf un – mab Derec, Osian ar y drymiau, pan oedd o'n 14 oed. Lle fyddai Dylan ac Osian heddiw heb iddynt gael y cyfleoedd hyn tybed?

> "Y sioe cyntaf i ni neud gyda Ysgol Theatr Maldwyn. Dwi dal i gofio'r gân '3,2,1' i gyd!!! Dwi'n cofio cael rhan Danny Boy, a meddwl bod nodweddion y cymeriad eitha tebyg i fel oeddwn i go iawn – siaradus a direidus! Mi wnaeth hynna ddangos i mi bod Penri, Derec a Linda wedi dod i nabod fy nghymeriad i'n gyflym iawn!"
>
> **Catrin (Cas) Jones**

Ysgol Theatr Maldwyn

yn cyflwyno:

"3, 2, 1"

gan: Cefin Roberts a Gareth Glyn

Canolfan Hamdden Caereinion

8/9 Ionawr 2005

Ym mis Medi 2005, fe sefydlon ni ail grŵp i bobl ifanc rhwng 15 a 18 oed ac yn y flwyddyn gyntaf fe berfformiodd y grŵp hwn y sioe *Nia Ben Aur*. Rhyw 30 o aelodau oedd yn y grŵp ar y pryd ond fe gawsant y profiad gwych o berfformio'r sioe eiconig a berfformiwyd gyntaf yn Eisteddfod Genedlaethol Caerfyrddin yn 1974. Hon oedd y sioe gyntaf o'i bath yn y Gymraeg, a'r tro cyntaf i'r "diwylliant roc" gael ei arddel a'i gydnabod ar lwyfan y Brifwyl. Ffion Davies a gynlluniodd y gwisgoedd a bu'r criw yn creu eu gwisgoedd o dan ei chyfarwyddyd hi mewn gweithdai arbennig. Yn y band unwaith eto yr oedd Linda, Marian, Dylan ac Osian – a daeth Elfed ap Gomer atom i chwarae'r gitâr fas. Mae Elfed wedi bod yn hynod o ffyddlon nid yn unig i waith Cwmni Theatr Maldwyn, ond fel rhan o'r Band i bron bob un o sioeau'r Ysgol Theatr hefyd. Mae o'n gerddor gwych ac yn rhan annatod o lwyddiant y Cwmni a'r Ysgol. Osian Llewelyn Edwards chwaraeodd ran y cymeriad Osian, Catrin Wyn Williams a chwaraeodd ran Nia a Dafydd Francis oedd y Brenin Ri.

Tua'r adeg hyn fe sefydlodd Tom Jones, Plas Coch, Gymdeithas Theatrig Maldwyn, grŵp o bobl i'n cefnogi ni trwy godi arian i noddi ein sioeau. Bu'r gymdeithas hon yn weithgar iawn ar hyd y blynyddoedd nid yn unig yn noddi sioeau, ond trwy i Sioned Lewis a Gwenan Jones drefnu tripiau i weld sioeau proffesiynol yn Llundain a Birmingham. Bu Mel Jones yn gweithio gyda Meilyr Williams, Cêt Haf a Mari Davies fel grŵp dawns ar gyfer y sioe hon a diddorol yw nodi fod Meilyr wedi mynd yn ei flaen i'r Central School of Acting yn Llundain, cyn cychwyn gyrfa fel actor. Felly y bu hanes Cêt Haf hefyd, wrth iddi astudio dawns yng Nghaerdydd cyn dilyn gyrfa ym myd dawns a drama. Aeth Osian Edwards yn ei flaen i astudio drama hefyd ac mae yntau yn dilyn gyrfa yn y byd theatrig.

Bu'r grŵp hŷn yn cyfarfod yn wythnosol yng Nghanolfan Glantwymyn, cartref ysbrydol Cwmni Theatr Maldwyn. Am rai blynyddoedd, buom yn defnyddio Canolfannau Glantwymyn a'r Banw, hyd nes i ni uno'r ddau grŵp wrth i'r niferoedd leihau.

Fe ddechreuon ni feddwl ei bod hi'n bryd i ni greu sioeau gwreiddiol ar gyfer aelodau yr Ysgol Theatr, ac yn 2005/6 fe aeth Derec, Linda a minnau ati i chwilio am ddeunydd sioe yn y Mabinogion. Roedd y sioe *Crib, Siswrn a Rasel* yn seiliedig ar chwedl Culhwch ac Olwen. Ymgais i greu cynhyrchiad a dehongliad modern yn seiliedig ar y chwedl

yw ein sioe ni, gan greu lleoliadau cyfoes, megis salonau trin gwallt. Hanes Culhwch yn syrthio mewn cariad gydag Olwen a geir yn y sioe hon. Gwelodd Culhwch lun o Olwen, merch y cawr Ysbaddaden, mewn cylchgrawn trin gwallt go arbennig. Byddai'n rhaid i Culhwch gwblhau nifer o dasgau cyn y gallai ennill llaw Olwen ac mae'r cynhyrchiad yn symud yn gyflym o Salon Trin Gwallt Cilydd (tad Culhwch) i Salon Camlad Arthur (ei ewythr) ac yna i Salon Ysbaddaden. Gosoda Ysbaddaden dair tasg i Culhwch: achub ei weithiwr, Mabon, o grafangau'r Twrch Trwyth, sicrhau siampŵ enwog y wrach Widdon o'i labordy, ac achub gwobr arbennig a enillodd Ysbaddaden fel Barbwr y Flwyddyn – sef crib, siswrn a rasel aur, trysorau a gipiwyd gan y Twrch. Fe ysgrifennodd Derec sgript a oedd yn llawn hwyl a digrifwch ac fe gyfansoddodd y tri ohonom ryw ddwsin o ganeuon gwreiddiol. Y grŵp rhwng 11 a 15 oed a berfformiodd y sioe yn Theatr Hafren. Allan o'r sioe *Crib, Siswrn a Rasel* y daeth y gân "Cariad dan olau y sêr".

Gareth Owen unwaith eto a gynlluniodd set fodern ar gyfer y sioe hon ac Alun Williams a fu'n gyfrifol am ei hadeiladu. Yn ogystal â chreu'r coreograffi ar gyfer y sioe, Mel Jones a gynlluniodd y gwisgoedd hefyd. Ar gyfer creu rhaglen fe dderbynion ni nawdd a oedd yn gydnaws â natur y sioe, h.y. salonau trin

gwallt a siopau barbwr a dalodd am gael hysbysebion yn y rhaglen!

Wrth i'r ddau grŵp gynyddu o ran maint ac wrth i'r sioeau gynyddu hefyd, roedd angen rhywle i storio'r set a'r holl wisgoedd. Daeth Tom a Margaret Jones, Plas Coch, i'r adwy, gan gynnig rhan o hen adeilad ar fuarth eu ffarm ar gyfer ein storfa. Yma y bu y storfa am flynyddoedd, hyd nes i ni dyfu allan o'r adeilad a gorfod symud popeth i Lanidloes. Trwy garedigrwydd Paul Jervis, dyn busnes yn Llanidloes, fe gawsom ddefnydd o *shipping container* ar gyfer cadw'r holl wisgoedd a'r darnau o setiau gwahanol am nifer o flynyddoedd. Erbyn heddiw mae'r caban hwnnw ar fuarth ffarm Wini a Non yn Llanwrin. Diolch iddyn nhw am gynnig cartref a man diogel ar gyfer cadw popeth. Dros y blynyddoedd fe gafodd ein pobl ifanc gyfle i gymryd rhan mewn sioeau cerdd a chyngherddau gwahanol o bob math, gan gynnwys un cyngerdd yng Nghanolfan y Mileniwm yng Nghaerdydd. Cafodd ein haelodau gyfleoedd i gymryd rhan mewn darnau dramatig, dawns a chanu. Cawsant hefyd gyfleoedd i gymryd rhan mewn rhaglenni teledu.

Bu Cwmni Da yn hynod o gefnogol i ni trwy gynnig nifer o gyfleoedd dros y blynyddoedd i'r Ysgol berfformio yn y rhaglen *Noson Lawen*. Fe aethom â chriw o fechgyn o'r grŵp hŷn i ganu Carol Plygain yn Stiwdio Barcud yng Nghaernarfon. Roedden nhw'n griw talentog ac annwyl – ond ew, roedden nhw'n griw drygiog! Yn Stiwdio Barcud, fe aethon nhw i chwarae o gwmpas yn y lifft a oedd yno, yn gwasgu botymau fel bod y lifft yn mynd i fyny ac i lawr am hydoedd. Fe wasgodd un ohonyn nhw'r botwm coch a wnaeth i'r lifft gael ei atal hanner ffordd rhwng un llawr a'r llall, gan adael un aelod yn sownd am gyfnod, yn canu'r garol ar wastad ei gefn! Daeth rhywun o'r staff diogelwch i ddatrys y broblem ymhen hir a hwyr ac fe dderbynion ni gŵyn am eu hymddygiad. Dwi'n cofio rhoi ram dam iddyn nhw i gyd, a'u condemnio am roi enw drwg i'r Ysgol. Fe safodd pob un ohonyn nhw o fy mlaen ac ymddiheuro'n daer, gan addo na fydden nhw'n gwneud dim byd tebyg eto. Yna fe gerddon nhw i lwyfan y Noson Lawen a chanu fel angylion!

Roedd hi'n amhosib i fod yn flin efo nhw am yn hir – a dyna'r patrwm ar bob nos Fawrth wrth ymarfer yn Nglantwymyn – tynnu coes ei gilydd, herio a phwnio, a Linda a minnau'n dweud y drefn, a hwythau ar ddiwedd y noson yn dod aton ni i ymddiheuro am eu gweithredoedd. Roedd y bechgyn hyn yn llond llaw – nid yn ddrwg ond yn ddireidus – ond bobl bach, roedden nhw'n griw talentog tu hwnt a phan ddeuai'r awr iddynt berfformio, roedd eu disgyblaeth yn ardderchog a'u talentau yn disgleirio ym mhob sioe a chyflwyniad. Sylwch mai'r bechgyn y bûm yn sôn amdanynt yn y fan hyn. Anamal y bu'n rhaid i ni ddwrdio'r merched – ond dwi'n amau weithiau bod rhai o'r merched, yn slei bach, yn corddi yn y cefndir a bod yna elfen o fechgyn yn eu harddegau yn dangos eu hunain er mwyn denu sylw'r merched. Pennaeth ysgol gynradd fûm i gydol y blynyddoedd a doedd gen i ddim profiad o ddysgu pobl ifanc yn eu harddegau, ond bobl bach, mi ddysgais i lawer mewn cyfnod byr iawn gyda'r criw hyn.

Erbyn tua 2007/8, roedd yna tua 90 o aelodau rhwng y ddau grŵp ac fe benderfynon ni greu sioe newydd arall ar eu cyfer. Unwaith eto, pori i'r Mabinogion a wnaethom gan ddewis ysgrifennu sioe yn seiliedig ar stori Branwen. Stori sy'n cychwyn yn rhamantus ydyw, ond sydd yn dirywio i sarhad, dial ac, yn y pen draw, difodiant. Enw'r sioe fyddai *Llwybr Efnisien*. Roedd hon yn sioe ganu drwyddi, yn debyg i'r sioeau a ysgrifennwyd ar gyfer Cwmni Theatr Maldwyn dros y blynyddoedd. Roedd y coreograffi a greodd Mel Jones ar gyfer y sioe hon yn wych, gan greu pair o golofnau defnydd gwyn, a fyddai'n codi a gostwng wrth i'r dawnswyr ddarlunio'r olygfa; fe greodd Derec wynebau meirch allan o fetel i gynlluniau Mel ac fe ddefnyddiwyd y rhain yn yr olygfa pan oedd Efnisien yn lladd y ceffylau. Fe roddodd Mel rubanau coch o amgylch y wynebau metal hyn ac o amgylch cyrff y dawnswyr ac wrth i'r olygfa hon ddigwydd roedd y rhubanau coch yn cyfleu gwaed y meirch. Fe greodd Ffion Davies wisgoedd arbennig o drawiadol ar gyfer dawnswyr Adar Branwen ac roedd eu dawnsfeydd yn hynod o theatrig. Ffion Davies a greodd hefyd wisgoedd y prif gymeriadau eraill. Gareth Owen a gynlluniodd y set unwaith eto gyda'i gyfaill Alun Williams yn ei hadeiladu. O ran diddordeb – allan o'r sioe *Llwybr Efnisien* y daeth y gân "A fo ben bid bont".

Roedd sgrin fawr yn rhan o'r set ac ar ddiwedd y cynhyrchiad fe daflwyd ffilm arni a gafodd ei chreu gan Gwmni Opus ar ein cyfer. Y gân olaf yn y sioe oedd "Llwybr Efnisien" ac erbyn ei chanu, roedd y cast i gyd yn eu dillad eu hunain. Mae'r gân yn trafod erchyllterau rhyfel mewn unrhyw oes, gan danlinellu neges ein sioe, sef bod sarhad a dial yn arwain at ddifodiant yn y pen draw. Ffilm go iawn oedd hi, yn dangos darluniau o'r Ail Ryfel Byd ac yn dangos rhyfel ar ei waethaf. Roedd yn ddiweddglo trawiadol iawn. Noddwyd y cynhyrchiad gan Gyngor y Celfyddydau ac fe aed â'r sioe ar daith i Bafiliwn y Rhyl, Theatr Ardudwy, Harlech, ac Ysgol y Berwyn y Bala.

Dros y blynyddoedd cafodd aelodau'r Ysgol gyfleoedd i berfformio nifer o sioeau gan gynnwys dau gynhyrchiad o'r sioe *Mela*, cynhyrchiad o'r *Cylch*, cynhyrchiad newydd o *Crib, Siswrn a Rasel* ac *Er Mwyn Yfory*. Dylwn nodi yma fod aelodaeth yr Ysgol yn dod o bob rhan o Faldwyn, Meirion a rhannau gogleddol Ceredigion. Yr un fu'r "gymdeithas" y buont yn rhan ohoni, megis aelodaeth Cwmni Theatr Maldwyn. Yr un fu'r ymroddiad a'r ffyddlondeb a'r boddhad o fod yn rhan o deulu. Yn wir, er mai Ysgol Theatr Maldwyn oedd yr enw swyddogol, byddai'r bobl ifanc yn cyfeirio ato fel "Cwmni". "Wela'i di yn Cwmni heno." Daeth cyfraniad anhygoel Marian Wilson i ben tua 2008/9 a diolchwn iddi am ei gwasanaeth arbennig – bu'n ganolog i waith yr Ysgol o'r cychwyn. Tua'r un pryd, daeth Non Parri-Roberts yn rhan o'r tîm hyfforddi ac mae Non erbyn heddiw yn gonglfaen yr Ysgol.

Yn fy marn i, roedd 2008/9 yn rhyw fath o oes aur yr Ysgol, gan fod yno gymaint o bobl ifanc talentog yn aelodau yr un pryd. Mae hyn yn cael ei adlewyrchu yn y nifer a aeth ymlaen i golegau cerdd a theatr yn y cyfnod hwn. Un o uchafbwyntiau yr holl gyfnod oedd cyflwyno cynhyrchiad newydd o *Pum Diwrnod o Ryddid*, i gyd-fynd gyda chyhoeddi'r sioe fel llyfr gan Gwmni Sain yn 2008. Daethom i'r penderfyniad y byddem yn gwneud cynhyrchiad ar y cyd gyda'r ddau grŵp a bu hynny'n gyfrwng unwaith eto i greu undod yr Ysgol.

"I remember watching Llanidloes football team playing one Saturday afternoon and noticing Dylan Penri coming over. He then asked me if I still teach dance, as his father was looking for a dance teacher. And that is how it started! With a cup of tea in 7 High Street and a chat with Penri about the exciting opening of the drama school, I was hired!

The opening night came and freshly out of college I remember feeling incredibly nervous, the parents were welcome to watch that evening and that feeling of being on the spot was truly settling in. Truth is I developed a love for the school and soon a magical working relationship grew between us as teachers.

I am not a Welsh speaker but that has never been an issue, as I felt passionate about the school and my connection with the music, storytelling and creativity; that was what made it work so well. My visualisation complemented what Derec, Penri and Linda wanted to achieve! Truth is our working methods complemented each other and we were able to work fast and build on our creativity.

Ysgol Theatr Maldwyn is a magical place where a theatre family was born, full of such special people. The talent that has been nurtured through the school is apparent and memories made that will last a lifetime. It has been an honour to be a part of the school and the amazing people in it! I was also mentored, nurtured, and loved as a teacher and a member of the creative team and that, along with all the show experience I was part of producing, is something I will always be grateful for!"

Mel Jones

Daeth yn arferiad ar hyd y blynyddoedd ein bod yn cynnal gwrandawiadau ar gyfer dewis y rhai a fyddai'n chwarae'r prif rannau, ac mae'r diwrnod y buom wrthi y tro hwn yng Nghanolfan Glantwymyn yn aros yn y cof. Roeddem wedi gosod caneuon o'r sioe fel darnau ar gyfer y gwrandawiadau i ferched a bechgyn ac, â llaw ar fy nghalon, fe allem fod wedi dewis cryn nifer i chwarae pob rhan. Diwrnod anhygoel oedd y diwrnod hwnnw, a roiodd wefr i ni, y tîm cynhyrchu, wrth weld pobl ifanc hollol frwdfrydig yn ceisio am rannau yn y sioe.

Dewiswyd Steffan Harri i chwarae rhan James Morris, un o arweinwyr y Siartwyr, a Jade Poole i chwarae rhan ei gariad Ruth. Arwel Jones chwaraeodd ran Richard Jerman. Sioned Besent oedd Marged, morwyn y Maer T.E. Marsh a chwaraewyd gan Luke McCall. Allan o'r cast o'r prif gymeriadau hyn, fe aeth Sioned Besent ymlaen i astudio theatr cerdd, yn ogystal â Luke McCall a Steffan Harri. Erbyn heddiw mae Steffan Harri wedi ymddangos mewn sawl sioe yn y West End yn Llundain, ac ar daith y sioe *Shrek*, ef a chwaraeodd y brif ran. Luke McCall yw'r dyn ieuengaf hyd yma i chwarae rhan Jean Valjean yn y sioe *Les Miserables* a hefyd ran y Phantom yn *Phantom of the Opera*. Fe aeth nifer o aelodau eraill y cast hwn i wneud enw i'w hunain ym myd y theatr cerdd a'r opera. Fe aeth Rhodri Prys Jones, un o giang James Morris, ymlaen i astudio canu yn benodol ac mae yntau erbyn hyn wedi profi llwyddiant eithriadol ym myd yr opera. Felly hefyd Robert Lewis sydd yn brysur wneud enw iddo'i hun ym myd yr opera.

Y Maer (Luke McCall) yng nghanol Y Bonedd

Richard Jerman (Arwel Jones) yn arwain y Siartwyr

Bu'n daith hynod o lwyddiannus, gan ddechrau gyda dau berfformiad yn Theatr Hafren y Drenewydd, Theatr y Werin Aberystwyth, Theatr Ardudwy Harlech, Theatr Felinfach ac Ysgol y Berwyn y Bala. Fe gafodd ein pobl ifanc brofiadau anhygoel gyda'r cynhyrchiad hwn, dan amodau technegol proffesiynol. Wrth i Sain gyhoeddi'r sioe fel llyfr, fe gynhyrchodd Linda hefyd sgôr offerynnol i fand a hefyd i linynnau. Yn ogystal â'n Band arferol, fe gawson ni bedwarawd llinynnol hefyd yn chwarae yn ein perfformiadau ni yn Theatr Hafren ac yn Ysgol y Berwyn. Dylwn sôn hefyd yma am ein technegydd sain, Carl Hodgson, Cymro di-Gymraeg o Sir Fflint, sydd wedi gwneud cymaint o waith i ni fel Cwmni ac Ysgol Theatr. Fel technegydd sain, mae o'n flaenllaw yn y maes. Erbyn heddiw, mae *mix* y gwahanol offerynnau trydanol mor flaengar fel bod gan bob offerynnwr reolaeth ar ei lefelau sain ei hun o fewn mix y band cyfan, a hynny trwy *ipads* unigol. Wrth ei ochr bob amser byddai Emyr Lloyd, un arall o'n ffyddloniaid. Mae'n bleser llwyr cael gweithio gyda phobl fel Carl, Emyr a Bridget Wallbank ein technegydd golau. Mae Bridget nid yn unig wedi gweithredu fel technegydd golau, ond hi hefyd adeiladodd y set i'r sioe *Y Cylch*. Welais i neb tebyg iddi, wrth iddi ddringo ysgolion i osod a ffocysu lampau, cario'r lampau hynny a gwifrau dros ei hysgwydd, a gwneud hynny weithiau mewn lleoliadau digon cyntefig. Mae hi hefyd yn dysgu Cymraeg ac yn llwyddo yn hynny o beth hefyd. Den ni wedi gwerthfawrogi ymroddiad pobl fel hyn o'r dechrau ac yn parhau i wneud hynny hyd heddiw.

Ar ddiwedd taith *Pum Diwrnod o Ryddid*, roedd Eisteddfod Genedlaethol y Bala 2009 ar y gorwel ac fe ymunodd cast y sioe ag aelodau Cwmni Theatr Meirion ar lwyfan y Brifwyl i berfformio detholiad o'r sioe. Mewn ychydig fisoedd, roeddem hefyd wedi cynhyrchu detholiad o'r sioe *Y Cylch* i'r un perwyl. Yn sicr, fe gafodd ein haelodau ifanc brofiadau i'w trysori ar y noson arbennig hon. *Ar Noson Fel Hon* oedd teitl y sioe hon yn Eisteddfod y Bala, sioe a oedd yn cynnwys detholiadau o sioeau Cwmni Theatr Maldwyn a Chwmni Theatr Meirion dros y blynyddoedd. Ar ddiwedd y gân olaf allan o'r sioe *Ann!* fe ymunodd criw yr Ysgol Theatr gyda chôr mawr y Cwmni i greu diweddglo hynod o drawiadol.

GAIR YN GNAWD

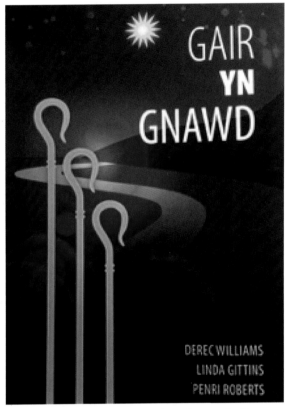

Yn gyntaf, dylwn ddweud mai ar gais Gwawr Owen, cynhyrchydd annibynnol ond un sydd hefyd yn gwneud llawer o waith i'r BBC, y daethom ein tri i gyfansoddi'r gwaith hwn. Gofynnodd Gwawr i ni greu darn o waith a fyddai'n addas i'w recordio ar gyfer y radio, a hynny ar thema'r Geni. Dechreuodd Derec, Linda a minnau gyfansoddi'r Cantawd hon yn ystod 2011 ac fe berfformiwyd *Gair yn Gnawd* gyntaf gan Ysgol Theatr Maldwyn ym mis Rhagfyr y flwyddyn honno. Darlledwyd y gwaith ar Radio Cymru ar ddydd Nadolig 2011.

Mae'r holl waith yn seiliedig ar Efengylau'r Testament newydd, yn bennaf Efengyl Luc ac Efengyl Mathew, a'n nod oedd dod â golwg newydd i'r stori, trwy eiriau a cherddoriaeth gyfoes. Perfformiwyd y Gantawd hon gan aelodau Ysgol Theatr Maldwyn mewn neuaddau ond fe ellir yn sicr ei pherfformio mewn capeli ac eglwysi. Fel côr ac unawdwyr y perfformiwyd y gwaith yn wreiddiol, ond gellid hefyd ychwanegu agweddau dramatig a symudiadau amrywiol, a thrwy hynny ei gwneud yn fwy o ddrama gerdd.

Aed ati i ddysgu'r 13 o ganeuon a dewis unigolion i ganu'r gwahanol rannau. Angharad Lewis a ddewiswyd i ganu rhan Mair, Siân Angharad Roberts i ganu rhan Elisabeth, Gerwyn Jones i ganu rhan Joseff, Heledd Besent i ganu rhan y Llefarydd a Robert Lewis i ganu rhan Herod. Llefarwyr y darnau cyswllt oedd Gwenno Ywain a Sara Anest Jones.

Perfformiwyd y Gwaith yng Nghanolfan

Caereinion, Llanfair Caereinion ac yn Y Plas, Machynlleth, lle y recordiwyd y Cantawd ar gyfer y BBC, gyda Gwawr Owen yn cynhyrchu. Gan fod y cyfan yn cael ei recordio fel hyn, roedd gofyn i bawb fod ar ben eu pethe, yn gantorion ac offerynwyr. Linda oedd ar y piano, Fflur Pughe ar yr allweddellau, Elfed ap Gomer ar y gitâr fas, Dylan Penri ar y gitâr flaen ac Osian Huw Williams ar y drymiau.

Non Parri Roberts oedd yn arwain y Côr ac yn wir, Non a fu'n dysgu'r holl waith i'r criw ifanc hwn. Ar y pryd, roedd Non a Wini yn disgwyl eu plentyn cyntaf, Jac, ac roedd yr holl brofiad o ganu caneuon am enedigaeth y baban Iesu yn emosiynol iawn iddi yn ystod y cyfnod hwn. Bu'r holl unawdwyr a'r Corws yn wych o ran dysgu 13 o ganeuon mewn tymor. 13 o ganeuon mewn 13 wythnos – camp yn wir!

"Tymor yr Hydref, 2011 – dechrau paratoi Gair yn Gnawd. Roedd cael bod yn rhan o'r tîm yn yr Ysgol Theatr bob amser yn brofiad arbennig, ond y tro yma, roedd yna sioe newydd sbon ar y gweill, a braint oedd cael bod yn rhan o'r paratoadau. Roedd yr ymarferion yn digwydd bob nos Fawrth a phob nos Iau gydag ambell ymarfer ychwanegol ar ddydd Sul yma ac acw. Er mod i'n hynod gyffrous am y sioe, roeddwn i hefyd yn gyffrous am reswm arall – roeddwn i'n feichiog, yn disgwyl fy mhlentyn cyntaf – fel Mair! Bron fod y sioe wedi ei hysgrifennu ar fy nghyfer! Roedd Mel hefyd yn feichiog, ond chawsom ni erioed y cyfle i gael tro ar ganu deuawd Mair ac Elisabeth chwaith!

Mae gan drefniannau cerddorol Linda'r gallu i fy chwalu i yn emosiynol yn rheolaidd, a doedd cerddoriaeth Gair yn Gnawd ddim yn eithriad. Yr hyn oedd yn anodd i mi oedd cadw popeth o dan reolaeth gan fy mod yn sefyll o flaen y côr yn eu harwain, ac yn eitha sâl yn gorfforol ar y pryd – yn byw ar fruit pastiles ac yn methu cadw bwyd i lawr. Ta waeth am hynny, cafwyd cyffro mawr yn ystod perfformiad Llanfair Caereinion pan benderfynodd Ifan Rhys (Llanbrynmair) lewygu ar y llwyfan. Nid hogyn bach oedd Ifan Rhys, ond cyn iddo fod wedi disgyn, roedd Derec wedi neidio o'r gynulleidfa i'w ddal yn saff yn ei ddwylo. Ond wrth wneud hyn, roedd troed Derec wedi bachu yng ngwifrau trydan y band ac aeth y band yn fud. Cariodd y côr ymlaen i ganu, ac er mawr ryddhad i mi, fe ailymunodd y band cyn diwedd y gân.

Fe recordiwyd perfformiad Machynlleth ar gyfer creu CD ac nid anghofiaf byth y noson gyntaf i mi roi'r CD ymlaen yn y car, rywdro ar ddechrau 2012. Roedd sgan wedi dangos fod nam corfforol ar ein babi ac roedd geiriau'r ddeuawd yn crynhoi fy nheimladau'n berffaith wrth i ni drio dygymod â'r hyn oedd o'n blaenau.

Dwi wedi chwerthin, crio, caru a chega hefo'r cwmni theatr, o fod yn hogan fach yn gwylio'r Mab Darogan yn Theatr Ardudwy i fod yn aelod o'r corws, y band (pan oedden nhw'n desbret) a'r tîm hyfforddi. Mae'r Cwmni Theatr yn deulu estynedig sydd wedi fy rhoi yn fy lle pan oedd angen ac wedi bod yn ffrindiau oes. Dwi wedi cyfarfod fy nghymar drwy'r cwmni ac wedi bod yn ffodus i gael tri o blant erbyn hyn – sydd hefyd yn meddwl y byd o'u teulu estynedig yn yr Ysgol a'r Cwmni Theatr. Yng ngeiriau Linda, 'Diolch gymaint'."

Non Parri Roberts

Does wybod lle yr awn ni, na phryd y down ni nôl
Ond rhaid fydd inni deithio dros lawer bryn a dôl,
A gwyddom drwy'r ansicrwydd fod 'na un yn arwain draw,
A'i lewyrch hyd ein llwybrau, a ninnau'n dal ei law.
Mae'r cyfrifoldeb heno yn pwyso arna i'n drwm
Wrth gerdded i'r tywyllwch o oleuni'r stabal llwm
Ond gwn fod rhaid i minnau roi fy ffydd mewn un sydd nawr
Yn ein tywys dros y gorwel drwy y gwyll at leufer gwawr.
A phan fydd y nos yn ddu a garw, pan fydd pob blinder a gofid yn gwau
Dan olau un seren fe gerddwn ni heibio bob drws sydd ynghau,
Rhaid dilyn llwybr y baban, llwybr o wewyr a gwawd,
Y baban a roddwyd i'n gofal sy'n dilyn llwybr ffawd.

Buom yn ffodus iawn dros yr holl gyfnod o gael pobl ifanc dalentog ac ymroddgar ac mae ein diolch hefyd i rieni'r bobl ifanc hyn am eu cefnogaeth. Wrth i ni berfformio mewn theatrau a neuaddau, byddem yn dibynnu ar ewyllys da rhieni i ddod â'u plant i'r canolfannau hyn, gan wybod y byddai rhaid iddynt aros yn y cyffiniau cyn dod i fod yn rhan o'r gynulleidfa ac yna cludo eu plant adref ar ddiwedd y noson.

Yn drist iawn, bu farw un o'r rhieni cefnogol hyn, Eifion Green, yn ddisymwth ym mis Awst 2013. Fe dderbynion ni arian er cof am Eifion a'n galluogodd ni i brynu piano electronig sydd yn cael ei ddefnyddio hyd heddiw.

Ar 19 Hydref 2013, cafodd rhai o aelodau'r Ysgol y cyfle i gael Dosbarth Meistr yng nghwmni Caryl Parry Jones yng Nghanolfan y Banw, Llangadfan. Trwy gael eu dewis mewn gwrandawiadau o flaen llaw, cafodd 6 o'n aelodau ifanc y profiad anhygoel o gael treulio amser gyda Caryl yn meithrin eu crefft. Cafodd yr holl aelodau y cyfle i gynnal Cyngerdd gyda Caryl gyda'r nos hefyd. Diwrnod cofiadwy a noddwyd gan Menter Maldwyn. Mae Menter Maldwyn wedi bod yn gefnogol iawn i'n gwaith dros y blynyddoedd hefyd.

Bu'r Ysgol yn ffodus iawn o ran cael staff anhygoel dros y blynyddoedd, pobl o'r un anian a'r un blaenoriaethau o ran rhoi cyfle i bobl ifanc dderbyn hyfforddiant mewn sgiliau theatr, yn ogystal â chael cyfleoedd i ddefnyddio'r sgiliau hynny wrth berfformio o dan amodau proffesiynol. Yn dilyn ymddeoliad Marian Wilson, fe ymunodd Non Parri Roberts â staff yr Ysgol ac mae ei chyfraniad hi wedi bod yn hollol allweddol o ran ein llwyddiant fel ysgol theatr. Pan mae Non wrthi'n hyfforddi lleisiau, mae hi'n hollol o ddifri – ac mae disgwyl i bawb arall fod o ddifri hefyd! Does yna ddim chwarae o gwmpas pan mae 'na waith i'w wneud ac mae hi'n gosod tasgau o ran dysgu geiriau o wythnos i wythnos gan ddisgwyl bod pob un aelod yn gwneud hynny. Fel y nodais eisioes, bu cyfraniad Mel Jones fel athrawes ddawns yn eithriadol o'r dechrau un, gan ddysgu sgiliau dawns i'n pobl ifanc a choreograffu nifer fawr o'n sioeau. Pan adawodd Mel fel athrawes ddawns yn 2015, daeth dwy o'n cyn-aelodau i weithio gyda ni am dymor neu ddau. Bu Caryl Lewis a Cêt Haf gyda ni am gyfnod cyn i Jade Poole ddod atom, ac roedd hithau hefyd yn gyn-aelod o'r Ysgol. Bu Jade gyda ni fel aelod o'r dechrau un yn 2004, gan dreulio saith mlynedd fel aelod cyn mynychu Prifysgol Caerdydd i astudio dawns. Yno, derbyniodd radd dosbarth cyntaf, ac ar ôl treulio cyfnod yn Llundain, dychwelodd i Faldwyn a dechreuodd weithio gyda'r Ysgol fel athrawes ddawns.

PENNOD DEG

GWYDION

Derec, Linda a minnau yn gyfarwydd â gwrthod gwaith ein gilydd – nid oherwydd fod y geiriau neu'r alawon yn wael, ond oherwydd nad oeddynt yn iawn i deimlad a ffurf yr olygfa ei hun. Wedi i Derec a minnau gyfarfod Robat Arwyn i gael clywed yr alawon yr oedd o wedi'u creu ar gyfer rhai o'r caneuon, mi ddaethon ni at un gân – a doedd yr alaw ddim yn iawn ar gyfer teimlad ac emosiwn y gân dan sylw. Fe ddywedon ni hynny wrth Arwyn, a chwarae teg iddo, fe dderbyniodd y sylwadau hynny gan addo mynd i ffwrdd a thrio eto. Fe'i clywais yn dweud sawl tro wrth drafod y sioe mai dyma'r tro cyntaf i unrhyw un wrthod un o'i alawon! Ond mae'n cyfaddef hefyd ein bod yn llygad ein lle, gan fod gonestrwydd fel hyn yn gwbl allweddol wrth geisio creu sioe gerdd.

Rywbryd yn ystod y cyfnod dechreuol hwn, ro'n i wedi derbyn galwad ffôn gan Geraint Vaughan Jones o Ffestiniog. Fe ofynnodd i mi faint fydden ni'n godi am ysgrifennu cân ar gyfer sioe gerdd. Ar ran Gŵyl Gerdd Ffestiniog yr oedd o'n ffonio ac roeddynt yn awyddus i gynnal cystadleuaeth i bobl ganu cân newydd, er cof am rywun lleol a oedd wedi cyfrannu i'r Ŵyl dros y blynyddoedd. Wrth i mi sgwrsio gyda Geraint, fe ofynnais iddo ai cân i ferch neu fachgen oedd ei hangen, ond doedd o ddim wedi meddwl am hynny cyn i ni sgwrsio. Ta waeth, pan ddywedais o'r diwedd beth oedd ein ffi am greu cân, bu distawrwydd am rai eiliadau. "Os ydy hynny'n ormod i chi," dywedais, "mi allwn ni ailystyried y ffi." "Gormod!" atebodd Geraint, "dwi'n meddwl y gallwn ni gomisiynu sioe gyfan ganddoch chi!" Gofynnodd i ni ystyried ysgrifennu sioe am y Bedwaredd Gainc – ac mae hynny'n rhyfeddol, gan ein bod eisioes wedi bod yn ystyried hynny. Fe aethom i ymweld â Geraint yn ei gartref yn Ffestiniog ac ar ôl cael paned, fe aeth â ni am dro o amgylch Bro Lleu, gan dynnu ein sylw at enwau a lleoliadau a oedd yn gysylltiedig â'r chwedl. Bu'r ymweliad hwnnw yn sicr yn ddylanwad ar ein penderfyniad i ysgrifennu'r sioe, a thrwy garedigrwydd Geraint a phwyllgor Gŵyl Gerdd Ffestiniog, roedd ganddon ni arian cychwynnol ar gyfer y fenter hon. Heb y nawdd cychwynnol hwn, efallai na fyddai *Gwydion* y sioe gerdd wedi gweld golau dydd, a braf ydoedd gwahodd Geraint ac aelodau'r pwyllgor i weld y sioe ymhen amser yn y Pafiliwn ym Meifod yn 2015.

Yn ôl â ni at y sioe a fedyddiwyd yn *Gwydion* erbyn hyn. Fe aethom i gyfarfod dwy wraig sy'n arbenigwyr ar Chwedlau'r Mabinogion, sef Rhiannon Ifans a Dr Sioned Davies. Fe gawsom sgyrsiau difyr iawn gyda'r ddwy a oedd yn help mawr i ni weld sut y gallen ni ddehongli'r testun, a hynny trwy *genre* sioe gerdd. Mae yna lawer o lyfrau wedi cael eu hysgrifennu am y Mabinogion ac mae yna hefyd beth wmbredd o weithiau celf ar gael. Bu edrych ar y gweithiau celf hyn yn wych i ni hefyd o ran ceisio gweld lluniau'r sioe gerdd. Wrth i ni wneud hynny, fe ddaethom i'r casgliad y byddai ein sioe ni yn torri cwys newydd o ran sioeau cerdd Cymraeg, gan ein bod yn benderfynol o gael delweddau digidol yn lle set cyffredin. Mwy am hynny'n nes ymlaen.

Byddai Derec a minnau yn llogi ystafell yn y Plas, Machynlleth, yn wythnosol fwy neu lai, gan gynllunio'r gwahanol olygfeydd ar bapur. Byddem yn gosod papurau A4 ar y byrddau, un dudalen i bob golygfa, gan gerdded yn ôl ac ymlaen rhyngddynt, yn diddymu, ychwanegu a diweddaru'n wythnosol. Roedd yn waith cymhleth – a hyn cyn i ni feddwl am ysgrifennu geiriau'r caneuon nac unrhyw ran o'r sgript. Ar ôl wythnosau lawer o wneud hyn, fe ddechreuon ni greu geiriau'r caneuon a'r sgript gan weld y gwaith yn datblygu'n dda. Awgrymodd Derec ein bod yn anfon y drafft cyntaf hwn at Bethan Eames, enw cyfarwydd iawn ym myd sgriptio a chyfarwyddo, gan ofyn am ei barn am ein gwaith, a chwarae teg iddi, fe gawsom wahoddiad i'w chyfarfod yn ei chartref wrth ymyl y Fenai ym Mangor ym mis Chwefror 2013. Roedd y ddau ohonon ni yn ddiolchgar iddi am gymryd yr amser i ddarllen ein drafft cyntaf ni, ond doedd yr un

ohonon ni'n dau yn disgwyl ei hymateb ar y diwrnod hwnnw. Fe ddywedodd hi wrthon ni nad oedd y dull yr oedden ni wedi'i ddewis i gyflwyno'r sioe yn iawn. Gyda geiriau tebyg i hyn, fe ddywedodd, "Pobl sioe gerdd *sing through* ydech chi – nid pobl sgriptiau." Ar ôl misoedd o waith, roedd dweud fel hyn yn dipyn o ergyd i ni'n dau. Ond hi oedd yn iawn a diolch iddi am fod mor onest efo ni. "Back to the drawing board" oedd hi wedyn go iawn, gan dreulio wythnosau eto'n ailstrwythuro popeth i'w wneud yn sioe ganu, drwyddi draw.

Wrth i'n cynlluniau ddatblygu, am ryw reswm, fe gafodd Der chwilen i'w ben gan ofyn i mi ystyried rhywbeth na fu erioed yn rhan o'n bodolaeth ni. Roedd o am i ni gael cyfle am unwaith yn ein bywyd i weithio gyda chwmni proffesiynol, ac er nad o'n i wedi cael yr un dyhead erioed, fe gytunais i'w gynllun. Hyd yn oed heddiw, wrth edrych yn ôl ar y cyfnod hwn, dwi ddim yn gwybod pam wnes i gytuno i hyn. Yr unig beth dwi yn gwybod ydy fod Der a fi'n gymaint o ffrindie, ers cymaint o flynyddoedd – os oedd ganddo y dyhead hwn, fe gerddwn trwy ddŵr a thân i'w helpu i wireddu ei freuddwyd. Fe gysylltodd Derec ag Arwel Gruffydd, Cyfarwyddwr y Theatr Genedlaethol, i drafod y syniad ac fe gafodd dderbyniad digon addawol ganddo. Canlyniad yr alwad ffôn hon oedd i Arwel ddod i'n cyfarfod ym Machynlleth i drafod ein syniadau ymhellach. Erbyn diwedd y cyfarfod roedd o wedi sôn am y posibilrwydd o gynnig gweithdai i ni yng Nghanolfan y Theatr Genedlaethol yng Nghaerfyrddin, gan roi cyfle i ni weithio gyda cherddorion ac actorion. Roedd y cyfan yn swnio'n hynod o addawol ac roedd Derec ar ben ei ddigon.

Cytunodd Arwel i'n cyfarfod ni eto ar Faes Eisteddfod Genedlaethol Bro Morgannwg er mwyn bwrw ymlaen gyda'r cynlluniau. Gan fy mod i'n Gofiadur yr Orsedd ar y pryd, roedd fy wythnos i'n llawn ond fe lwyddwyd i drefnu amser i gyfarfod, yng Nghaffi'r Theatrau dwi'n rhyw feddwl. Roeddwn i a Der yno mewn pryd ond bu'n rhaid i ni ddisgwyl rhyw awr am bresenoldeb Arwel am ba bynnag reswm. Gan fy mod i'n gorfod gadael er mwyn bod yn rhan o un o seremonïau'r Orsedd, cyfarfod digon byr ac anfoddhaol oedd o ar y cyfan. Mi feddyliais i nad oedd hyn yn argoeli'n dda ond roedd Der yn dal i fod yn llawn gobaith y bydden ni'n cydweithio gyda'r Theatr Genedlaethol ar gyfer sioe *Gwydion*.

Yn dilyn y cyfarfod hwn yn yr Eisteddfod, bu'n rhaid i Derec wneud sawl galwad ffôn er mwyn gweld lle yr oedden ni'n mynd efo'r holl beth, nes yn y diwedd y daeth Arwel Gruffydd i'r penderfyniad nad oedd o am gydweithio gyda ni wedi'r cyfan. Bu'r penderfyniad hwn yn siom fawr i Derec, ond fe'i hatgoffais mai

yn y byd amatur yr oedd ein lle ni, ac na fuon ni erioed yn ddibynnol ar bobl o'r byd proffesiynol – ac y bydden ni'n mynd ymlaen gyda'r sioe yn ein ffordd ni ein hunain. Doedden ni ddim angen mewnbwn proffesiynol i'n gwneud ni'n llwyddiannus gan ein bod wedi llwyddo i lenwi theatrau trwy Gymru gyfan, a hynny dros gyfnod o 30 mlynedd. I'r diawl â nhw (neu eiriau tebyg!) oedd fy ymateb i – ond roedd gweld fy ffrind yn ei siom yn dân o dan fy nghroen. Efallai fod cael ein gwrthod fel hyn wedi bod yn fodd i ni dorchi llewys yn fwy hyd yn oed, gan ein gwneud yn fwy penderfynol o ran gwneud llwyddiant o *Gwydion* yn y pen draw. Roedd Eisteddfod Genedlaethol Maldwyn 2015 ar y gorwel a gwyddem y byddai'r Eisteddfod honno yn falch o lwyfannu sioe o'n stabl ni.

Cynhaliwyd Cyfarfod Gwahodd yr Eisteddfod Genedlaethol i Faldwyn ar nos Lun 15 Ebrill 2013 ac ar fore Mercher yr un wythnos, roedd Derec a minnau'n cyfarfod Gareth Glyn yn Nhŷ Siamas, Dolgellau i weld os oedd ganddo fo ddiddordeb mewn gweithio gyda ni ar y sioe newydd. Bu Der a fi'n pendroni am gryn amser cyn hyn, o ran pwy allen ni ofyn i fod yn gyfrifol am greu'r gerddoriaeth, ac wrth siarad efo Gareth ar y ffôn, daeth yn amlwg fod ganddo ddiddordeb mewn dod i'n cyfarfod i drafod y mater. Wrth i Derec a minnau amlinellu ein cynlluniau, o fewn dim o amser fe gytunodd Gareth Glyn i gydweithio efo ni'n dau. Ar yr adeg hynny, roedd y *libretto* yn bell o fod yn barod, ond roedd Gareth yn addo y byddai'n cyflawni'r sgôr mewn da bryd o ran ein cynlluniau ni i ymarfer a chynhyrchu'r sioe. Yn dilyn hyn, fe aethom i ail gyfarfod gyda Gareth yn ei gartref yn Ynys Môn a thrwy wneud hynny, fe ddatblygodd ein perthynas gydag o ac roedden ni'n teimlo fod y prosiect yn datblygu.

Fe drefnon ni hefyd i fynd i Lerpwl i weld sioe gyda'n gilydd. Dwi'n cofio i Der a fi gyfarfod Gareth mewn tafarn yn Lerpwl ar Chwefror 17 2014, cyn mynd i weld sioe gerdd Ghost. Un peth arall dwi'n ei gofio o'r ymweliad hwn oedd cymaint yr oedd Gareth yn canolbwyntio ar y gerddorfa, gan fod ganddon ni olwg dda o'r *pit*, a dwi'n tyngu na wnaeth o dynnu ei lygaid oddi ar y fangre honno gydol y perfformiad. Pan ddaeth yr amser i Gareth weithio ar yr ochr gerddorol, dwi'n gwybod yn hollol sicr, ei fod o yr un mor *focused* ag yr oedd o y prynhawn hwnnw yn Lerpwl. O ran ei waith, mae o'n hollol ddisgybledig, yn gweithio'n ddwys o fore tan nos, hyd nes y bydd o wedi dod i ben unrhyw brosiect.

Math (Roland Davies)

"Roeddwn i wrth fy modd yn cael y gwahoddiad i gyfansoddi'r gerddoriaeth i Gwydion gan mod i wedi bod yn edmygydd mawr o'r cwmni ers blynyddoedd lawer, ac roedd hi'n fraint cael cydweithio efo Penri a Derec. Y munud y gwelais i'r geiriau, roeddwn i'n clywed yn fy mhen leisiau cyfoethog a mynegiannol y corws a'r unawdwyr yn eu canu nhw, a – diolch i grefftwaith y libreto - roedd y gerddoriaeth bron â chyfansoddi'i hun! Mi werthfawrogais y cyfle i weithio ar bob math o fynegiant, o rymuster y clo gyda phawb ar y llwyfan ('Ti sy'n haeddu'r bai') i unawdau teimladwy fel 'Fy Ngeni dan Felltith Mam' – cân yr ydw i mor hoff ohoni nes i mi'i chynnwys ar y CD o'm caneuon, a bod mor falch bod Rhodri Prys Jones wedi cytuno i'w chanu hi eto ar gyfer y ddisg. Anghofia i byth mo'r tro cynta i mi fod yn bresennol yn un o ymarferion y cwmni, a phrofi talent y cwmni i feistroli cerddoriaeth mor heriol. Edrychaf yn ôl ar y cyfnod gyda dedwyddwch pur."

Gareth Glyn

Wrth i ni barhau i weithio ar y *libretto* am fisoedd lawer, daeth yn amlwg y byddai angen swm enfawr o arian i wireddu ein breuddwyd o gyflwyno sioe gyffrous a gwahanol. Bu Cyngor y Celfyddydau yn hynod o gefnogol o'r dechrau, trwy eu Swyddog Gogleddol, Carys Wynne Williams. Fe wnaethon ni gyfarfod Carys i drafod ein cynlluniau ym mis Medi 2013 ac fe fu'n help mawr wrth i ni gyflwyno cais am nawdd i'r Cyngor. Cais am nawdd i ddatblygu ein syniadau fu hwn i gychwyn. Ym mis Tachwedd 2013, roedden ni'n cyfarfod Carys eto, ond y tro hwn gydag Elfed Roberts o'r Eisteddfod Genedlaethol, er mwyn sicrhau y gallen ni gydweithio gyda'r ddau sefydliad. Mae Elfed, ac yn wir holl swyddogion yr Eisteddfod, wedi bod yn hynod o gefnogol i'n gwaith ni o'r cychwyn, ac felly y bu hi y tro hwn hefyd. Roedden ni i gyd ar yr un dudalen felly.

Erbyn mis Ionawr 2014, roedd ein cynlluniau ni a rhan fawr o'r *libretto* yn ei lle ac fe deithiodd y ddau ohonom i Gaerdydd i gyfarfod Hefin Owen o Gwmni RondoMedia, Elfed Roberts a Nigel Catmur, gŵr sydd wedi bod yn gyfrifol am gynllun golau Pafiliwn yr Eisteddfod ers rhai blynyddoedd. Fe ddaeth Sue ac Ann i lawr gyda ni ac fe aeth y ddwy i'r ddinas i gael ychydig o *retail therapy*! Roedd S4C yn awyddus i fod yn rhan o'r prosiect hefyd, gan y byddai'r perfformiad byw o'r sioe yn cael ei ddarlledu ar y sianel. Roedd RondoMedia wedi cael rhyw fath o gytundeb i wneud rhaglen arbennig am y gwaith paratoi o ddechrau Ionawr 2014 hyd y perfformiad ym mis Awst 2015. Hwn fu y cyntaf o nifer o gyfarfodydd gyda chymaint o bobl a fyddai, ymhen amser, yn cyfrannu cymaint at lwyddiant *Gwydion*.

A Derec a minnau'n cyfarfod bron yn wythnosol yn y Plas ym Machynlleth, fe ddaeth yn amlwg ar ddechrau Ionawr 2014 fod 'na rywbeth o'i le o ran iechyd Der. Drwy'r holl flynyddoedd yr oedden ni wedi bod yn ffrindiau, welais i erioed mohono'n ymladd am ei wynt. Roedd o gyda'r person mwyaf ffit a heini i mi ei weld erioed, yn cario dim pwysau, yn gallu rhedeg milltiroedd a cherdded mynyddoedd. Un bore yn y Plas, dwi'n cofio ei fod o'n hwyr yn cyrraedd, ac wedi parcio ei gar yn y maes parcio, roedd o wedi rhedeg rhyw ddau ganllath i'r adeilad. Fe gymerodd beth amser iddo ddod ato'i hun a doedd hynny ddim yn Der o gwbl. Roedd o wedi bod yn diodde anhwylder efo'i frest ers peth amser ac roedd hi'n amlwg nad oedd o'n gwella'n iawn. Gwaethygu wnaeth pethe dros y misoedd nesa, wrth iddo dreulio cyfnodau yn Ysbyty Maelor Wrecsam ac yna maes o law yn Ysbyty Lerpwl. Fe es i'w weld yn yr Ysbyty yn Lerpwl ar 12 Mawrth ac ro'n i'n gallu gweld yn syth pa mor wael yr oedd o, er fod ei hwyliau'n dda a'r natur tynnu coes yn gryf wrth iddo herio'r nyrsus a oedd yn gweithio yno. Rywbryd yn ystod yr ymweliad

hwn, mi ddwedodd o wrtha'i, "Gwranda Robaits, os dwi ddim yn gwella o'r aflwydd yma – addo i mi y gwnei di fynd ymlaen efo'r sioe 'ma. Den ni wedi buddsoddi gormod o amser ac egni ynddo i ni ddod â'r cyfan i ben." Fy ymateb i oedd, "Paid â siarad yn wirion, mi welli di gydag amser ac mi gymerwn ni hoe am rai wythnosau, er mwyn i ti gael amser i wella." "Iawn," atebodd, "ond os na wna'i wella, addo i mi y gwnei di gwblhau y gwaith a sicrhau bod y sioe yn cael ei pherfformio ym Meifod." Ac wrth gwrs, roedd yn rhaid i mi addo gwneud hynny. Erbyn mis Ebrill roedd o ychydig yn well ond doedd o ddim digon da i deithio i Fachynlleth er mwyn fy nghyfarfod i yn y Plas. Fe ddechreuais i deithio i'w gyfarfod yn ei gartref yn yr Hen Felin yn Llanuwchllyn, a hynny'n wythnosol am gyfnod.

O dan amodau'r cais cychwynnol a dderbynion ni gan Gyngor y Celfyddydau,

195

Ar foreau Sul yn bennaf, buom yn ymarfer gyda'r prif gymeriadau a'r dawnswyr. Roedd Mel Jones yn hynod o gelfydd wrth gynllunio'r darnau dawns ac wrth hyfforddi'r merched o fewn grŵp y dawnswyr. Mater o falchder hefyd oedd y ffaith fod y rhan fwyaf o'r dawnswyr wedi bod yn aelodau o'r Ysgol Theatr dros y blynyddoedd. Bob nos Fawrth byddai Branwen Haf yn dysgu darnau'r corws gyda Linda wrth y piano. Fel y gellir dychmygu, wrth ystyried campweithiau Gareth Glyn, roedd y darnau corws yn gymhleth a heriol, ond fel yn y gorffennol fe weithiodd yr aelodau yn ddiflino er mwyn dysgu'r holl waith.

Ar brynhawniau Sul, fe fydden ni'n dechrau gweithio ar y cynhyrchiad gyda'r prif gymeriadau ac aelodau'r Corws. O'r dechrau, roedd Derec a minnau wedi gweld rhan y Corws fel rhywbeth yn debyg i Gorws Groegaidd, lle roeddynt yn cynnal y stori ac yn mynegi barn ar beth oedd yn digwydd o'u blaenau.

Fel gyda'r rhan fwyaf o'n sioeau ni yn y gorffennol, fe ymunodd rhyw 150 o bobl fel aelodau o'r Cwmni a bu'r rhan fwyaf ohonynt

yn hollol ymroddgar hyd ddiwedd y cyfnod. Mae ymroddi i brosiect o'r fath yn gofyn llawer o ran presenoldeb a dyfalbarhad, ac roedd yr aelodau yn gwbl ffyddlon yn hynny o beth.

Pan dderbyniodd Colin Rozee y briff gwreiddiol ganddon ni, roedden ni wedi nodi sawl digwyddiad yn y sioe lle byddai ef yn gallu creu darnau o animeiddio i'w dangos ar y tair sgrin fawr yng nghefn y llwyfan. Er bod lluniau ar y sgriniau hyn gydol y perfformiad, roedd y

"Ar y bore Iau, ddiwrnod cyn y perfformiad, roeddwn yn mynd o amgylch y stoc ar y beic modur cyn ei chychwyn hi am Feifod. Heb os, roedd cyfrifoldeb y perfformiad wedi bod yn pwyso arnaf ers tro. Wrth droi y beic am adre, hedfanodd aderyn ysglyfaethus o nunlle gan hedfan ryw bum llath o fy mlaen ar lefel llygad, parhaodd hynny am ryw ddau gan llath cyn iddo wibio i ffwrdd yn ddisymwth. Welais i erioed aderyn yn gwneud hyn o'r blaen na chael yr un profiad wedi hynny. Roedd tebygrwydd y bwncath hwn i'r 'Eryr' sydd yn rhan annatod o stori Gwydion yn drawiadol ar y pryd, ac er efallai mai cyd-ddigwyddiad oedd o, teimlais yn syth fod yr aderyn yma yn arwyddocaol ac yn cynnig rhyw fath o arweiniad ac anogaeth.

Adroddais y stori wrth Penri ar ôl cyrraedd y pafiliwn i baratoi y noson honno, ac yn union syth bron cyrhaeddodd Linda gan ddweud bod yna rywbeth rhyfedd iawn wedi digwydd iddi hithau wrth drafaelio yno o Ddolanog. Coeliwch neu beidio, roedd aderyn ysglyfaethus wedi gwibio i lawr o flaen y car a hedfan am dipyn o'i blaen cyn hedfan i ffwrdd! Roeddwn yn gegrwth wrth glywed Linda yn adrodd y stori a oedd yn union fel fy un i, gan gadarnhau yn fy meddwl bod rhywun yn rhywle hefo ni bob cam o'r daith!

Bu'r perfformiad yn un bythgofiadwy, a braint oedd cael bod yn rhan o'r cwmni, er dwi ddim yn siwr oedden ni, ynghanol yr holl brysurdeb, yn llawn sylweddoli ar y pryd y pwysau oedd ar ein hysgwyddau o feddwl bod y perfformiad yn cael ei ffrydio yn fyw ar S4C! Diolch byth, fe aeth y perfformiad yn eitha didramgwydd gydag awyrgylch arbennig yn y pafiliwn y noson honno, a gwefr oedd gweld pawb ar eu traed yn dangos eu gwerthfawrogiad ar y diwedd."

Arfon Williams (Gwydion)

wrth ymarfer yn Theatr Hafren. Trwy haelioni Sara Clutton, Rheolwr y Theatr, fe gawsom osod yr holl gynhyrchiad ar lawr yr awditoriwm ac ymarfer pob agwedd o'r sioe. Roedd camerâu Hefin Owen ar ran Cwmni RondoMedia yno i gwblhau eu ffilm o greu'r sioe; roedd Hefin wedi ffilmio ymarferion y Cwmni o'r mis Ionawr ymlaen, gan ffilmio rhai o'n cyfarfodydd technegol ac Erin Maddocks wrth iddi greu y gwisgoedd.

Ar nos Iau 30 Gorffennaf, roedden ni'n gosod y llwyfan, y sgriniau anferthol, eisteddleoedd y corws a'r rostra ac yn gosod y taflunyddion mawr a fyddai'n dangos yr animeiddio a'r delweddau digidol. Am rai oriau, bu'r gwaith hwn yn mynd yn ei flaen er mwyn sicrhau bod dydd Gwener 31 Gorffennaf yn glir i ni gael ymarfer y sioe gyfan ar y llwyfan gyda'r holl agweddau technegol. Fe wawriodd diwrnod y perfformiad a buom wrthi drwy'r dydd gyda phawb o'r cast a'r technegwyr yn gwneud popeth i sicrhau llwyddiant y cynhyrchiad. Erbyn diwedd y prynhawn blinedig ond cyffrous hwn, roedd y bobl dechnegol yn ysu am gael ymarfer ychwanegol, ond bu'n rhaid i mi wneud y penderfyniad i beidio â chaniatáu hynny. Roeddwn i'n teimlo bod gan bawb angen dwy awr o seibiant cyn i'r sioe gychwyn – a'r gwir yw, er yr holl gynllunio a chyfaddawdu – does yna byth ddigon o amser!

Fel y bu hi, ni fu'n rhaid i ni boeni, gan i bopeth fynd rhagddo'n rhyfeddol o llyfn. Fe ddaeth popeth at ei gilydd ar y noson, gan gynnwys perfformiad y Cwmni a'r holl griw technegol, ac roedd hynny'n wyrthiol. Fe ddarlledwyd y sioe gyfan yn fyw ar S4C – ac fe werthwyd pob tocyn yn y Pafiliwn. Yn rhywle, dwi'n hollol sicr fod Derec yn edrych i lawr, a'i fod unwaith eto, fel erioed, yn falch o lwyddiant Cwmni Theatr Maldwyn.

Fe lwyddon ni i berfformio'r sioe ddwy waith yn rhagor yn Theatr Hafren ym mis Medi ond fe fethon ni â sicrhau digon o werthiant ar docynnau i fynd â'r sioe i Gaerdydd. Dros fisoedd yr hydref fe aed ati i recordio'r sioe gyfan yn Stiwdio Sain gan gwblhau CD o *Gwydion*.

Wrth edrych yn ôl ar y cyfnod hwn, yn enwedig ar y cyfnod lle y buom yn paratoi ar gyfer perfformio *Gwydion* ym Meifod, dwi'n hollol sicr fod presenoldeb Derec yn agos iawn ataf gydol y daith. Er fod y cyfrifoldeb enfawr hwn wedi disgyn ar fy ysgwyddau i, fe deimlais ei fod o yna gyda mi ac nad oeddwn i ar ben fy hun. Dwi hefyd yn hynod o ddiolchgar am gefnogaeth y bobl a fu'n gweithio ar bob agwedd o'r cynhyrchiad hwn ac wrth gwrs, i aelodau Cwmni Theatr Maldwyn am eu teyrngarwch, ac am eu hymroddiad.

"Wn i ddim pryd ddiwethaf yr edrychais ar S4C, nac ar unrhyw sianel deledu, am ddwyawr a hanner solet. Amser go fawr yn ôl.

Fe gydiodd GWYDION, sioe gerdd agoriadol Eisteddfod Maldwyn, o'r eiliadau cyntaf, am fod ynddi'r peth hwnnw sy'n anghenraid a hanfod pob cyflwyniad llwyddiannus – cywair, ac undod cywair. Ym Mhedwaredd Gainc y Mabinogi mae cyfuniad ysgytwol o harddwch a drygioni. Daeth yr hen awdur – pwy bynnag oedd – â hwy at ei gilydd, ac mae'n rhaid i bob dehongliad newydd allu cadw'r cyfuniad hwnnw rywsut, fel y gwnaeth y rhaglen hon heno. Yr oedd popeth yn cydweithio – y lliwiau, y gwisgoedd, y cefndiroedd, y symud, yr effeithiau a byrdwn cyson y caneuon. Cafwyd actorion cryfion a chyfarwyddo awdurdodol.

Cyfaddasiad o ryw hen ddefnydd oedd y Mabinogi ei hun, ac mewn dehongliad newydd mae'n bosib dal i gyfaddasu a chadw ergyd y gwreiddiol yr un pryd – fel y gwnaeth y ddrama Blodeuwedd yn wir, gydag ambell gynhyrchiad ohoni wedyn yn cymryd rhyddid pellach. Dwy elfen newydd ond hollol gyfreithlon yn y dehongliad hwn oedd, yn gyntaf, ailymddangosiadau'r hen Arianrhod ar fomentau allweddol, i'n hatgoffa fod yr hen felltith yn dal, ac yn ail, Gwydion yn syrthio ar ei fai yn yr eiliadau olaf. Yn nrama Saunders Lewis yr oedd Gwydion ar fin bod yn ffigur trasig; heno fe groeswyd y terfyn, ac yr oedd pob hawl i wneud hynny. A welais i'n iawn fod Gwydion wedi rhoi heibio ei ffon hud, fel y gwnaeth Prospero?

Am flynyddoedd lawer, fel rhyw Bolo Mint go fawr yr oeddwn i wedi dychmygu'r garreg y ceisiodd Gronw ei defnyddio'n darian; a dyna'r ddelwedd heno. Os bydd llwyfannu eto, tybed a gawn ni olwg ar 'lech Ronw', sydd i'w gweld o hyd ar lan afon Cynfael lle digwyddodd y peth?

Rhyw fath o opera sebon yw'r Mabinogi, gyda'r thema fod pethau'n mynd o chwith yn amlach na pheidio mewn bywyd, er y gallant fynd y ffordd iawn ambell dro drwy gyfuniad o glyfrwch a dewrder dynol. Daw thema'r methiant i ryw fath o uchafbwynt arswydus yn y Bedwaredd Gainc. Yn y cynhyrchiad hwn yr oedd marc ar bawb, hyd yn oed aelodau'r corws, un ac un. Cychwyn ysgubol i'r Eisteddfod."

Dafydd Glyn Jones

Cwmni Theatr Ieuenctid Maldwyn

yn cyflwyno

GWYDION

Gwydion	Arfon Williams
Blodeuwedd	Glesni Fflur
Gronw	Steffan Prys Roberts
Lleu	Rhodri Prys Jones
Math	Roland Davies
Llefarydd	Arwel Jones
Gilfaethwy	Edryd Williams
Goewin	Manon Evans
Arianrhod	Sara Meredydd
Milwr	Meilir Aled Evans

DAWNSWYR

Megan Griffiths, India Lewis, Gemma Owen, Ffion Bond, Kylah Evans, Ruth Jenkins, Caryl Lewis, Hanna Morgan, Amelia Evans, Lliwen Jones, Hanna Roberts, Emily Lovell, Jade Poole.

CORWS

Rachel Ashton, Lleu Bleddyn, Rhun Bleddyn, Elwyn Breese, Menna Breese, Ellis Prysor Chennetier, Anwen Davies, Brid Davies, Fflur Aneira Davies, Lowri Davies, Mari Davies, Nora Davies, Rhian Davies, Sian Davies, Ffion Edwards, Ifan Edwards, Ifan Prys Edwards, Kirsty Edwards, Mared Lois Edwards, Mared Louise Edwards, Mirain Edwards, Owen Llur Edwards, Rowena Edwards, Aneira Evans, Edwina Evans, Elain Evans, Gwenan Evans, Ian Evans, Laura Jane Evans, Nia Evans, Sandra Evans, Rebeca Evans, Nerys Fychan, Heledd Glyn, Anwen Griffiths, Arfon Rhys Griffiths, Anwen Howard, Geraint Howard, Catrin Wyn Hughes, Elin Wyn Hughes, Gwenno Hughes, C. Eleri Humphries, Steffan John, Aled Jones, Ann Jones, Barri Jones, Carys Jones, Catrin Eleri Jones, Claire N. Jones, Dafydd Jones, David Gwyn Jones, Elen Haf Jones, Elfed Parry Jones, Esyllt Jones, Gerall Rhys Jones, Gerwyn Jones, Gerwyn Jones, Gwawr Angharad Jones, Gwenan Jones, Gwenan Mair Jones, Gwennan Jones, Gwynedd Lloyd Jones, Heledd Mair Jones, Hugh Jones, Ilan Jones, Ilan Hedd Jones, Linda Mary Jones, Lleucu Jones, Meleri Davies Jones, Nia Jones, Nia Wyn Jones, Rhodri Jones, Rhodri Jones, Robin Glyn Jones, Sian Jones, Sian Elin Jones, Sion Aran Jones, Siwan Jones, Siwan Mai Jones, Siwan Wyn Jones, Buddug Kettle, Angharad Lewis, Eleri Lewis, Hannah Lewis, Heledd Lewis, Margret Lewis, Wyn Lewis, Elain Lloyd, Rhian Lloyd Evans, John Llywelyn, Rhian Mills, Carwen Morgan, Caryl Morgans, Bethan Morris, Mererid Morris, Rhian Nelmes, Anwen Owen, Gwenno Owen Owen, Llio Owen, Rebekah Owen, Sarah Owen, Caryl Pughe, Rhydian Meilir Pughe, Emyr Puw, Lis Puw, Owain Puw, Glain Rhys, Cara Betty Roberts, Catrin Fflur Roberts, Ceri Haf Roberts, Delyth Roberts, Elin Mair Roberts, Geraint Roberts, Hawys Roberts, Heledd Roberts, John Pughe Roberts, Lisa Roberts, Maggie Roberts, Mererid Haf Roberts, Sion Eilir Roberts, William Roberts, Elwyn Rowlands, Geraint Rowlands, Sian Thomas Young, Buddug Turner, Ann Williams, Bethan Williams, Elin Williams, Heledd Medi Williams, Meleri Williams, Rhian Mai Williams, Eleri Wyn, Llinos Wyn, Sioned Wyn.

PENNOD UN AR DDEG

CADW'R FFLAM

Yn dilyn yr holl waith gyda'r sioe *Gwydion*, ac er mwyn cadw'r Cwmni gyda'i gilydd, fe benderfynon ni ddod â'r Cwmni a'r Ysgol at ei gilydd i greu cyngherddau arbennig dan y teitl, *Cadw'r fflam yn fyw*. Fe ddaeth teitl y cyngerdd o gân yr oedd Linda a minnau wedi ei chyfansoddi er cof am Derec.

Roedd Linda wedi trefnu'r gân hon a rhai caneuon eraill mewn pedwar llais ar gyfer aelodau'r Cwmni a threfniant gwahanol o dri llais ar gyfer aelodau'r Ysgol Theatr. Gyda'i gilydd, roedd tua 150 o bobl ar y llwyfan a bu'n rhaid ni ddewis yn ofalus pa theatrau y gallen ni ymweld â nhw. Cynhaliwyd y perffomiadau yn Theatr Hafren, Neuadd Fawr Aberystwyth, Canolfan Pontio Bangor ac Ysgol y Berwyn, y Bala. Yn ystod y cyfnod hwn, daeth y cyfle i ganu'r gân "Cadw'r fflam yn fyw" ar raglen Bryn Terfel, *Gwlad y gân*, a recordiwyd yn Neuadd Bentref Llanuwchllyn, a chan fod Derec wedi ymgartrefu yn Llanuwchllyn ers cymaint o flynyddoedd, roedd hyn yn briodol iawn. Fe ddewisodd Linda a minnau Steffan Prys Roberts i ganu'r unawd yn y gân ac roedd o'n ddewis gwych. Bu'r daith yn hynod o lwyddiannus ac fe gynhyrchwyd CD newydd a oedd yn cynnwys y gân hon ynghyd â nifer o ganeuon o sioeau'r Cwmni dros y blynyddoedd. Mae clywed lleisiau aelodau'r Cwmni a lleisiau aelodau ifanc yr Ysgol Theatr ar y CD hon yn rhoi llawer o bleser i mi. Roedd holl daith *Cadw'r fflam yn fyw* yn rhyw fath o deyrnged i Derec ac fe lwyddodd Gwawr Owen, RondoMedia, i greu rhaglen arbennig ar gyfer Radio Cymru lle y cafodd nifer o aelodau'r Cwmni gyfle i rannu atgofion am waith a bywyd Derec.

"Roedd cael perfformio yn Cadw'r fflam yn fyw *a* Cynnal y fflam *yn fraint o'r mwyaf a hefyd cael canu'r 'Eryr' yng Nghyngerdd Coffa Derec; profiad ac anrhydedd bythgofiadwy. Mae Cwmni Maldwyn wedi bod yn rhan fawr o fy mywyd ac wedi dod â llawer o hapusrwydd i mi dros y blynyddoedd ond hefyd tristwch at y diwedd."*

Geraint Roberts

Fe aethon ni i Stiwdio'r Drwm, stiwdio Osian ac Ifan (Candelas) ym Mhenygroes, i osod y traciau offerynnol i lawr. Daeth Siân James i roi traciau telyn i lawr ar ddwy gân yr oedd hi wedi'u cyfansoddi gyda ni ar gyfer y sioe fach *Nansi* (Telynores Maldwyn) a berfformiwyd yn Eisteddfod Genedlaethol Meifod yn 2015. Bu Huw Davies, Non Parri-Roberts, Osian Huw, Lowri Preston a Dylan Penri'n chwarae hefyd ar y CD. Linda oedd y Cyfarwyddwr Cerdd i'r cyfan. Recordiwyd y darnau corws yng Nghanolfan Glantwymyn. Fe werthodd y CD hon, sy'n cynnwys rhai o ffefrynnau'r Cwmni dros y blynyddoedd, yn arbennig o dda. Mae dwy gân ar y CD, sef "Talu'r pris yn llawn" a "Mor braf", nad ydynt yn perthyn i unrhyw sioe ac nad ydynt wedi ymddangos ar unrhyw CD gan y Cwmni cyn hyn.

Achlysur arall y buon ni'n rhan ohono oedd *Moliant y Maes*, sef y Gymanfa Ganu ar Faes y Sioe Fawr yn Llanelwedd ar nos Sul 22 Gorffennaf 2018. Mr Tom Tudor, Llanerfyl, Llywydd y Sioe Fawr y flwyddyn honno, a estynnodd y gwahoddiad i ni ac fe berfformiodd aelodau'r Cwmni rai caneuon yn ystod y noson.

Yn dilyn taith lwyddiannus *Cadw'r fflam*, penderfynwyd gwneud ail daith, ond heb aelodau'r Ysgol Theatr y tro hyn. Tra roedd aelodau Ysgol Theatr Maldwyn yn teithio gyda chynhyrchiad newydd o *Y Cylch* yn ystod misoedd y Gwanwyn 2018, fe aeth aelodau'r Cwmni ar daith gyda chyngherddau dramatig *Cynnal y fflam*. Ar gyfer y daith hon, perfformiwyd detholiadau o'r gwahanol sioeau dros y blynyddoedd.

Fe berfformiwyd y sioe *Cynnal y fflam* yng Nghanolfan Porthmadog, y Stiwt, Rhosllannerchrugog, Galeri Caernarfon a Theatr y Gromlech Crymych. Yn 2019, fe benderfynon ni ddod â'r Ysgol a'r Cwmni at ei gilydd unwaith eto. Oherwydd bod Cwmni Sain wedi cyhoeddi *Myfi Yw* yn llyfr yn 2018, fe benderfynon ni berfformio'r Oratorio gyda'r Cwmni yn 2019 gan gyfuno perfformiad o'r Cantawd *Gair yn Gnawd* gan aelodau'r Ysgol Theatr. Pleser llwyr ydoedd cael nosweithiau gyda'r ddau grŵp yn perfformio ar yr un llwyfan unwaith eto, yn Theatr Hafren y Drenewydd, Neuadd Fawr Aberystwyth, y Stiwt Rhosllannerchrugog a'r Bala. Erbyn yr amser hyn, roedd neuadd Ysgol y Berwyn wedi cael enw newydd, sef Neuadd Derec Williams. Ar ôl cyfraniad arbennig Derec i'r ysgol dros gymaint o flynyddoedd, roedd hi'n wych bod Llywodraethwyr Ysgol y Berwyn, wrth adnewyddu'r neuadd, wedi penderfynu rhoi ei enw arni. Ac yn Neuadd Derec Williams y perfformiwyd *Myfi Yw* a *Gair yn Gnawd* ar nos Sadwrn a nos Sul 27/28 Ebrill 2019.

Wrth i aelodau'r Cwmni a'r Ysgol berfformio'r ddau ddarn o waith hyn o'n heiddo, fe benderfynodd Linda a minnau greu cân newydd a fyddai'n clymu'r Oratorio a'r Cantawd gyda'i gilydd. Enw'r gân newydd hon oedd "Y Jerwsalem Newydd" ac fe ddaeth y cwmni cyfan at ei gilydd i

berffor
eto, wr
ac ans
roedd
y bu
cyfan
Dyma
cwm
cynr
mwy
gene

R

ATGOFION

LINDA GITTINS

Wnes i erioed ddychmygu y byddai un alwad ffôn, a hynny gan fy nghyn-athro Mathemateg, yn newid llwybr fy mywyd a'm gyrfa yn gyfan gwbl. Hydref 1980 oedd hi, a minnau wedi cael fy swydd gyntaf yn Adran Gerdd Ysgol Eirias ym Mae Colwyn. Roeddwn i wrth fy modd, ac er mai swydd am dymor yn unig oedd hi, roedd y staff yn gefnogol ac yn addo fy nghynorthwyo a'm cefnogi wrth i mi chwilio am swydd arall.

"Helo – Linda?" meddai'r llais ar ben arall y ffôn. "Derec Williams sydd yma, Derec Williams, Maths, Llanidloes. Sut wyt ti? Sut mae pethau'n mynd?" Doedd gen i ddim syniad yn y byd pam y byddai Mr Williams – erbyn hyn, ysywaeth, y diweddar annwyl, annwyl Derec Williams – eisiau sgwrs efo fi. Doeddwn i ddim wedi siarad efo fo ers gadael yr ysgol a go brin ei fod o'n fy nghofio fel seren ei ddosbarth Mathemateg! Ond, gan ddal i bendroni dros reswm ei alwad, es i ymlaen i ddweud gymaint roeddwn i'n mwynhau bod yn yr ysgol yng nghanol cynhyrchiad o'r sioe *Half a Sixpence* ar gyfer y Nadolig, a fy mod i ar yr un pryd yn brysur chwilio am swydd ar gyfer mis Ionawr. O'r diwedd dyma fo'n dweud, "Y rheswm rwy'n dy ffonio yw hyn." Esboniodd ei fod o a Mr Penri Roberts wrthi'n cyfansoddi sioe gerdd ar gyfer Eisteddfod Genedlaethol Machynlleth 1981 – "ychydig o ganeuon," medde fo – a tybed a fyddwn i'n ystyried eu helpu trwy ysgrifennu'r gerddoriaeth ar bapur a hwyrach ychwanegu ychydig o harmonïau i gorws SATB. Doeddwn i ddim yn gwybod beth i'w ddweud ond wnes i addo meddwl am y syniad a hefyd cyfarfod efo fo, Mr Roberts a'r tîm cynhyrchu i drafod ymhellach.

Do, mi es i gyfarfod efo pawb, yn swil, yn betrusgar, yn llawn nerfau, a phob ansoddair arall sy'n disgrifio person dihyder, ac yn gofyn i mi fy hun yr holl ffordd yna beth ar y ddaear roeddwn i'n ei wneud yn cysidro'r fath beth. Fe ddylwn i ganolbwyntio ar gael swydd ar gyfer mis Ionawr.

Wedi cael fy nghyflwyno i bawb, ac yng nghanol llawer iawn o chwerthin a thynnu coes, buan y cefais fy hun wedi fy nal yng nghyffro eu syniadau, eu gweledigaeth a'u cwmni. *Y Mab Darogan* – hanes Owain Glyndŵr, ac er bod yna lawer iawn mwy nag "ychydig o ganeuon", wnes i gytuno rhoi ymgais ar eu trosglwyddo i bapur. Cyfarwyddwr y Cwmni oedd y diweddar Mr Meurwyn Thomas, Trefnydd Drama Sir Drefaldwyn ac Ymgynghorydd Ysgolion Gogledd Powys. Iddo fo roedd popeth yn grêt. "Linda," medde fo, "ti'n gwbod be'? Mae'r geiriau'n grêt, mae'r caneuon yn grêt, mae popeth yn grêt, mae'n mynd i fod yn sioe arbennig ac mi fydd Mrs Jones Abercegir wrth ei bodd." (Person anhysbys oedd y Mrs Jones hon.) Roedd Meurwyn hefyd yn ymwybodol o'r ffaith nad oedd gen i swydd ar ôl mis Rhagfyr. "Linda," medde fo ar ddiwedd y cyfarfod, "Ti isio swydd? Mae gen i swydd i ti - Ysgol Maesydre, y Trallwm – dwi angen rhywun yna i chwarae'r piano a dysgu dosbarth o blant 7 oed." I ddweud y gwir, yng nghanol holl hwyl a chyffro'r ddwy awr diwethaf, roedd dyfodol fy ngyrfa wedi llwyr ddiflannu o'm meddwl, ond, dyma'r person yma, nad oeddwn i prin yn ei nabod, yn addo swydd i mi. "Plant cynradd?" meddwn i. "Ond does gen i ddim profiad." "Paid â phoeni dim," medde Meurwyn. "Fe gei di gwrs undydd efo Elwyn [y diweddar Mr Elwyn Davies, Prifathro Ysgol Maesydre]. Fe gei di gyfweliad yr ochor yma i'r Nadolig, ac mi gei di'r job – garantîd!"

Nôl a fi i ar y bws TrawsCambria a'r trên – doeddwn i ddim yn gyrru ar y pryd – nôl i Fae Colwyn, a'm meddwl yn llawn alawon y sioe. Roeddwn i'n teimlo'n eitha cyffrous am y peth, ac ar ben popeth, roedd gen i sicrwydd o swydd ym mis Ionawr.

Daeth bore dydd Llun ac roeddwn i'n edrych ymlaen at gael y cyfle i siarad efo'r Prif i ddweud fy mod i wedi cael swydd ar gyfer mis Ionawr a chyfle hefyd i sôn am y fenter newydd yma, *Y Mab Darogan*. Ond gwnaeth

un o'r penaethiaid fy nal cyn i mi allu dweud dim byd. "Linda," meddai Pat, un o'r penaethiaid, "I want a word with you – nothing to worry about. Can you pop in during your free lesson – 10.30? Is that OK?" Gwnaeth y cyfarfod hwnnw gymhlethu pethau braidd. Cefais wybod nad oedd yr athrawes yr oeddwn i'n gwneud ei gwaith y tymor yna am ddychwelyd i'r ysgol, ac felly roedd y Prifathro eisiau cynnig y swydd i mi'n barhaol. Doeddwn i ddim yn disgwyl hyn, ac yn sicr doeddwn i ddim yn gwybod sut i ymateb. Sôn am groesffordd! I dorri'r stori'n fyr, do, mi benderfynais adael y swydd a gynigiwyd, a mentro i fyd addysg gynradd a byd cyfansoddi, yn hollol ddibrofiad yn y ddau beth.

Dros y blynyddoedd fe ffurfiwyd perthynas gweithio agos rhwng Derec, Penri a fi – perthynas yn seiliedig ar onestrwydd, parch a hunanfeirniadaeth. Roedden ni hefyd yn ffrindiau da ac er ein bod ni weithiau'n anghytuno, doedden ni byth yn cwympo allan. Wrth greu sioe roedden ni'n treulio oriau ac oriau o gwmpas y piano yn cydweithio – dadansoddi golygfeydd, beth oedd yn arwain i gân, sut deimlad oedd i'r gân, i ble roedd y gân yn mynd ayb., ac yna'n raddol cyfansoddi'r gân. Byddai Derec yn gosod rhythm, Penri yn chwilio am alaw a finnau'n rhyw ffidlan efo harmonïau. Roedden ni'n feirniadol iawn o waith ein gilydd a dim ond pan oedd y tri ohonom yn hapus y byddai Penri'n recordio'r gân ar gasét er mwyn i mi fynd i ffwrdd i weithio arni. Dyma'r adegau roeddwn i wir yn eu mwynhau – llawer o hwyl a chwerthin (roedd Derec yn tynnu fy nghoes i'n anfaddeuol) ac, wrth gwrs, y broses o greu a rhoi genedigaeth i sioe newydd sbon.

Weithiau dwi'n ei chael hi'n anodd deall pam i mi ddewis y llwybr y gwnes i nôl ym 1980. Y cwbwl y medra i ddweud yw fy mod i'n falch iawn fy mod i wedi gwneud y penderfyniad hwnnw. Rydw i wedi cael y fraint o weithio gyda dau berson arbennig iawn a gyda chriw o bobl mwyaf ffantastig y mae hi wedi bod yn bleser cyfansoddi ar eu cyfer ar hyd y blynyddoedd. Na, dydw i ddim wedi gwneud fy ffortiwn, ond mewn cymaint o ffyrdd rydw i'n *billionaire*.

ROBIN GLYN JONES

Pleser o'r mwyaf yw cael sgwennu rhyw bwt o atgofion am yr amser o dros 40 mlynedd o fod yn aelod o Gwmni Theatr Ieuenctid Maldwyn ac yn ddiweddarach Cwmni Maldwyn fel yr oeddem yn mynd yn hŷn. Roedd y Steddfod Genedlaethol yn dod i Fachynlleth yn 1981. Dwi'n aelod o Gôr Godre'r Aran ers blynyddoedd lawer ac roedd

sôn am ymuno i wneud opera ond daeth dim byd o hynny, felly roedd sôn hefyd am wneud opera roc at y Steddfod.

Felly, dyma benderfynu mynd draw i Glantwymyn efo rhai eraill fel Alwyn Siôn, a oedd yn ffrindiau efo'r awduron Penri Roberts a Derec Williams ers ei amser yn rhannu tŷ efo nhw yn y Drenewydd, ac Emyr Puw, i weld be oedd be. Felly, ymuno â'r Cwmni ac agor drws enfawr yn bersonol i mi. Dwi wedi cael profiadau gwefreiddiol yn y sioeau i gyd, ac wedi bod yn lwcus o gael darnau unigol hefyd.

Dwi wedi bod ym mhob sioe ers y dechrau. Y cynyrchiadau mawr a'r sioeau bach, yn theatrau gorau'r wlad a llwyfan y Genedlaethol lawer tro a'r rheini yn llawn bob amser – gwefreiddiol. Hefyd y sioeau bach fel *Llosgi'r Gannwyll* mewn neuaddau pentref ac ambell i dafarn – a'r rheini mor wefreiddiol hefyd, bob blewyn. O un pegwn i'r pegwn arall. Cael cymaint o hwyl yn perfformio a chymdeithasu wedyn, oedd yr un mor bwysig.

Ym mherfformiad cyntaf y Cwmni yn yr Eisteddfod ym Machynlleth dwi'n cofio golygfa o'r *Mab Darogan* lle roedd Penri (Owain Glyndŵr) yn sibrwd yn fy nghlust (y Deon). Dyna oedd fod i ddigwydd, ond beth ddywedodd o oedd "be sy'n dod nesa?", â golwg bryderus arno, a fo oedd i ganu ond trwy ryw wyrth pan ddechreuodd y band chwarae fe gofiodd be oedd i fod, a gwneud hynny mor broffesiynol nes doedd y gynulleidfa ddim callach.

Roedd Derec hefyd yn giamstar ar gael y gorau allan o rywun yn y bocs sain yn Theatr Hafren yn chwifio ei ddwylo ar ddiwedd pob sioe. Mae fy niolch yn enfawr i Meurwyn Thomas (y cyfarwyddwr cyntaf), Penri a Derec, a Linda wrth gwrs. Fedren ni ddim gwneud dim hebddi hi'n creu caneuon anhygoel ar hyd yr amser ac mor gofiadwy – clasuron.

Mae'r profiad mae'r aelodau wedi'i gael ar hyd y blynyddoedd yn amhrisiadwy. Diolch o galon am gael yr anrhydedd o berthyn i'r Cwmni arbennig yma ar hyd y blynyddoedd.

MARIAN WYN WILSON

2004 – dyna flwyddyn arbennig i mi. Ymddeol fel athrawes Ysgol Gynradd o dan y Pennaeth, Penri, a derbyn gwahoddiad i ymuno ag Ysgol Theatr Maldwyn, yr ysgol berfformio gynta ym Maldwyn oedd yn gallu ychwanegu rhywbeth gwahanol i'r ysgol ddyddiol. Dyma gyfle i ddatblygu sgiliau o dan yr unto a chymdeithasu â disgyblion o ardaloedd eraill. Gan nad oeddwn yn barod i segura ar ôl blynyddoedd o ddysgu, roeddwn mor falch o'r cyfle i weithio gyda phobl ifanc

ac rwy'n ddyledus iawn i Penri, Derec a Linda am y cyfle hwnnw.

Fel cyfeilydd y dechreuais ond cefais gyfleoedd i arwain y canu yn y sesiynau llais hefyd. Ambell flwyddyn, caem aelodau bywiog iawn, ac er nad oedd pob sesiwn o dan reolaeth, gallech sicrhau y byddai'r hen blant ar eu gorau ym mhob perfformiad, a hynny'n peri balchder i ni'r staff.

Yr hyn sy'n rhoi'r pleser mwyaf i mi heddiw yw clywed y cyn-ddisgyblion sydd wedi cyrraedd mannau uchel yn eu meysydd proffesiynol yn cydnabod yn ddidwyll iddynt dderbyn y sylfaen angenrheidiol yn Ysgol Theatr Maldwyn. Na, dydyn nhw ddim wedi anghofio hynny.

Teimlai'r daith o'r Drenewydd i'r Banw yn llawer byrrach ar nosweithiau'r Ysgol Theatr a hynny oherwydd bod Mel, a oedd yng ngofal y dawnsio, a minnau'n cyd-deithio ac yn rhoi'r byd yn ei le.

Mae'n rhaid i mi sôn am un peth arall. Pwy fyddai'n dychmygu bod rhyw hen Nain fel fi'n gallu bod yn aelod o Fand! Dyna sbri a gefais efo'r aelodau eraill yn yr ymarferion yng Nglantwymyn a'r perfformiadau. Doeddwn i ddim yn giamstar ar yr allweddellau, yn enwedig os oedd angen cloch. [Wyt ti'n cofio Linda?] Ond roeddwn wrth fy modd yn cael y cyfleoedd i ymweld â Neuaddau a Theatrau ledled Cymru a phrofi'r agosatrwydd oedd rhyngom.

Ysgol Theatr Maldwyn a Chwmni Theatr Maldwyn – llefydd lle ceir cyfleoedd i berfformio yn ogystal â phrofi cynhesrwydd y cymdeithasu.

STEFFAN PRYS ROBERTS

Roedd cyhoeddiad y byddai'r Eisteddfod Genedlaethol yn dychwelyd i Faldwyn yn destun cyffro mawr i mi. Roeddwn i flwyddyn yn rhy ifanc i fod yn rhan o gynhyrchiad *Ann!* yn 2003 ac felly'n benderfynol o fanteisio ar y cyfle i fod yn rhan o gynhyrchiad Theatr Maldwyn y tro hwn! Roedd 'na gyffro mawr wrth i'r ymarferion gychwyn ym mis Ionawr 2015 a braf oedd gweld llond neuadd yn ymgynnull yng Nglantwymyn, yn wynebau newydd a hen a rheiny o bob rhan o Ganolbarth Cymru a thu hwnt! Roedd cerddoriaeth Gareth Glyn yn gyfoes a beiddgar a stori *Gwydion* Penri a Derec fel petai allan o gyfres *Game of Thrones*. Braint oedd cael chwarae rhan Gronw yn y sioe – cyfle arbennig i actio'r 'baddie' yn enwedig ar ôl darganfod y cynlluniau oedd ar gyfer gwisg a gwallt y cymeriad! Ond yr ymdrech fwyaf un oedd ceisio tyfu mwstash cyn mis Awst!!

Wrth feddwl yn ôl am yr oriau hapus gafwyd yn ystod ymarferion mae sawl atgof yn llifo i'r cof, yn enwedig y rhai ar foreau Sul a chael Mel yn trïo'i gorau glas i gael Glesni Fflur a finnau i ddawnsio! Ond erbyn diwedd Gorffennaf wedi misoedd o lafurio caled roedd y cyfan bron yn barod a'r cyffro'n dechrau cynyddu wrth i'r Eisteddfod agosáu!

Yn ystod yr wythnos oedd yn arwain at yr Eisteddfod daeth hi'n amser i gael ymarfer gwisg yn Theatr Hafren yn y Drenewydd. Cyfnod hynod o gyffrous oedd gweld y cymeriadau i gyd yn edrych mor drawiadol yn eu gwisgoedd a cholur am y tro cyntaf [diolch i weledigaeth Erin Maddocks!]. Er, fe gymerodd bron i ddwy awr i glymu'r *dreadlocks* yn sownd i fy mhen [a bron i ddwy awr i'w datglymu hefyd!!]. Ar ddiwedd yr ymarfer gwisg roedden ni i gyd yn barod ar gyfer noson agoriadol yr Eisteddfod ac yn ymwybodol y byddai'r pafiliwn yn orlawn a'r cyfan yn cael ei ddarlledu'n fyw ar S4C ... pwysau, pa bwysau!?!

Fe ddaeth yr awr a'r nerfau erbyn hyn yn cynyddu fesul awr! Dwi'n cofio gweld y sgrin enfawr ar lwyfan y pafiliwn a'r darluniau dramatig yn cael eu taflunio arno cyn i ni ddechrau ymarfer, a meddwl ... does dim troi'n ôl nawr!! Wrth ystyried yr holl elfennau technegol oedd ynghlwm â'r cynhyrchiad, y pwysau ychwanegol o ddarllediad byw a cheisio rheoli cast o 150 mae'n syndod i ni fod wedi llwyddo i roi trefn ar bopeth cyn i'r llen agor am 8 o'r gloch!

Ynghanol y prysurdeb a'r bwrlwm roedd hi'n hawdd dychmygu Derec yn llywio'r cyfan o gefn y pafiliwn. Dwi'n meddwl i bawb deimlo'i bresenoldeb yno y prynhawn hwnnw.

Mae'r perfformiad ei hun yn dipyn o *blur*; roedd yn rhyddhad i mi gofio pob gair a'r coreograffi! Y cyfan drosodd cyn i mi fwynhau ac amsugno'r profiad yn iawn. Roedd rhyddhad amlwg fod y cyfan wedi mynd yn gymharol esmwyth a theimlad o falchder hefyd wrth ystyried yr ymdrech arwrol gan bawb i sicrhau llwyddiant y cynhyrchiad. Ond ar yr un pryd roedd yna deimladau cymysg gan gofio mai dyma'r tro olaf y byddem yn perfformio'r sioe! Yn sicr, gallaf ddweud yn gwbl ddiffuant mai dyna'r profiad gorau i mi erioed gael ar lwyfan.

Dwi wedi cael fy magu yn sŵn Cwmni Theatr Maldwyn felly roedd bod yn rhan o gynhyrchiad *Gwydion* yn atgof a phrofiad y bydda i'n ei drysori am byth. Dwi'n teimlo balchder fy mod wedi cyfrannu i bennod yn hanes cyfoethog y Cwmni a chael rhannu'r un wefr â'r hyn mae cenedlaethau o aelodau wedi'i brofi ers 1981.

Diolch i Penri, Linda a Derec am eu gweledigaeth a'u hangerdd i sicrhau fod Cwmni Theatr Maldwyn wedi rhoi, ac yn parhau i roi, cyfleoedd perfformio amhrisiadwy a chyfoethogi bywydau pobl Canolbarth Cymru ers deugain mlynedd – mae'n dyled yn fawr iddynt.

MARI GRUG

Dwi'n cofio, fel ddoe, cerdded i mewn i neuadd Glantwymyn ar gyfer cyfarfod cyntaf Ysgol Theatr Maldwyn, ac mae'n rhyfedd iawn edrych nôl rŵan a sylweddoli bod hynny bron i ugain mlynedd yn ôl. Roeddwn i'n nerfus iawn o drio rhywbeth gwahanol ond hefyd wedi cyffroi am gwrdd â ffrindiau newydd – sawl un sy'n dal yn gyfeillion i mi heddiw. Mi fues i'n mynychu am ryw bedair blynedd a rheiny yn flynyddoedd pwysig iawn yn natblygiad person ifanc. Cefais gyfle i roi cynnig ar yr holl weithgareddau – actio, canu, dawnsio a chymdeithasu. Dwi mor ddiolchgar am yr holl brofiadau gefais i yno, y rhai hwyliog a'r rhai oedd falle'n llai llwyddiannus! Un atgof sydd efo fi ydy'r profiad o orfod gwneud clyweliad yn unigol o flaen yr ysgol gyfan, a phwysig nodi fan hyn fy mod i'n bell o fod â llais unawdydd! Fel un sy'n gartrefol iawn yn y corws, nes i gasáu pob eiliad. Ond, dwi'n aml yn edrych nôl a meddwl pa mor bwysig oedd gwneud hynny, er mor anghyffyrddus ar y pryd, am i fi ddysgu cymaint amdanaf fy hun. Roedd yn hyfforddiant gwych ar gyfer bod ar lwyfan llawer mwy yn ddiweddarach. Dwi byth yn gwrthod cyfleoedd newydd bellach, am fod rhywun yn dysgu ac yn adeiladu o bob profiad. Fues i'n ddigon ffodus hefyd i gael y cyfle i baratoi sgets ar gyfer cyngerdd Nadolig yr ysgol – a Penri, Derec a Linda yn ymddiried yna'i i'w sgwennu a'i chyfarwyddo. Mae hynny wedi meddwl cymaint. Buodd yr ysgol felly'n hollbwysig yn fy siapio i fel person a hefyd yn help gyda'r gwaith dwi'n ei wneud heddiw yn gohebu i'r BBC – achos llwyfan o fath gwahanol yw hynny wrth gwrs. O ysgrifennu sgript i ddarlledu'n fyw, roedd yn hyfforddiant hollbwysig.

CÊT HAF

Ysgol Theatr Maldwyn – Wel dyma lle plethodd fy myd dawns efo theatr a lle blagurodd fy nghariad at berfformio! Gwir ddechrau siwrnai fy mhroffesiwn, yno yn neuadd Ysgol Gynradd Glantwymyn. Cael dod o hyd i gadair mewn hanner cylch a chanu tiwns di-ri i gyfeiliant Linda. Cael arbrofi actio a byrfyfyrio efo Penri a Derec yn bloeddio anogaeth gynnes. Cael dawnsio llawn cymeriad o dan arweiniad Mel a chael blas perfformio ar lwyfannau mawr a bach Cymru. Profiad heb ddiwedd i'r positifrwydd.

Ar ôl i mi raddio o Brifysgol Fetropolitan Caerdydd efo gradd dosbarth cyntaf mewn Dawns bues i nôl yn Ysgol Theatr Maldwyn yn tiwtora dawns am dymor. Erbyn hyn dwi'n berfformiwr llawrydd, yn byw yn Nghaerdydd ac wedi gweithio efo nifer o gwmnïau theatr, dawns a theledu yng Nghymru ers dros ddeng mlynedd. Dwi'n gwneud llawer o waith efo cwmni dawns theatr Kitsch & Sync, lle, yng nghanol y gwisgoedd gwallgof, mae'r holl hyfforddiant cymeriadu a symud a gefais yn yr Ysgol Theatr yn dod yn fyw!

JADE POOLE

Mae'n anodd rhoi mewn geiriau faint mae Ysgol Theatr Maldwyn yn ei olygu i mi. Mae bod yn rhan o Ysgol a Chwmni Theatr Maldwyn yn sicr wedi dod â llawer o lawenydd i'm bywyd ac yn sicr rydw i wedi gwneud ffrindiau a fydd gyda mi am byth! Mae cymaint o atgofion gwych ac mae'n

Llandrindod. Ar y ffordd adre, fe gawson ni deithio gyda'r Cwmni mewn bws a dwi'n rhyw feddwl mai ar y siwrne hwnnw y gwnes i "ddarganfod" merched! Ro'n i tua pymtheg oed ar y pryd. Dwi hefyd yn cofio mynd i wylio'r sioe ym Mhafiliwn Corwen a rhyfeddu bod cymaint o bobl yn y gynulleidfa yno.

Mae'n debyg mai'r uchafbwynt i mi o ran fy atgofion o'r Cwmni oedd cael y cyfle i chwarae'r gitâr fas yn y Band yn y sioe *Ann!* ym Mhafiliwn yr Eisteddfod Genedlaethol ym Meifod yn 2003. Roeddwn i'n falch iawn o gael bod yn rhan o un o sioeau Dad – ac i fod yn y parti cofiadwy ar ddiwedd y noson.

STEFFAN HARRI

Mae perfformio, boed yn ganu neu actio, wedi bod yn rhan o fy mywyd cyhyd ag y cofiaf.

Ond yn syml, os na fyswn i wedi mynychu Ysgol Theatr Maldwyn ni fyswn yn actor proffesiynol heddiw.

Sylweddolais yn syth, dan arweiniad Pen, Der a Linda, bod angen gwaith caled, disgyblaeth a dyfalbarhad i gyrraedd a chynnal perfformiad o safon uchel.

Y pinacl i mi o fy nghyfnod yn Ysgol Theatr Maldwyn oedd perfformio gyda'r criw ar lwyfan yr Eisteddfod Genedlaethol o flaen 3,000 o bobl. Cafodd y sioe ei darlledu ar S4C ac yna aethom ar daith o amgylch theatrau mwya Cymru. Roedd yr ymdeimlad o gyfeillgarwch a balchder o gael cymryd rhan mewn cynhyrchiad o safon uchel wedi cyfnerthu fy mhenderfyniad mai dyma'r yrfa i mi.

Nid yn unig cefais gyfle i fagu a datblygu sgiliau perfformio ond fe roddodd Ysgol Theatr Maldwyn gyfle i mi gymdeithasu yn y Gymraeg gyda phobl ifanc y sir. Efallai byse Pen yn deud bo fi'n gwneud gormod o hynny ar adegau!

"There are no small parts, only small actors" yw un arwyddair gan Ysgol Theatr Maldwyn. Dim un seren ond un cwmni. Un *ensemble*.

Yn ystod fy nghyfnod yn Ysgol Theatr Maldwyn cefais gyfle i bortreadu nifer o gymeriadau amrywiol, o Efnisien i James

Morris yn *Pum Diwrnod o Ryddid*. Ond mae un darn arbennig o sgript yn sefyll yn y cof – 'Y Traffic Warden'. Ysgrifennodd Der y darn gwreiddiol a chlyfar a chefais gyfle i'w berfformio mewn cyngerdd Nadolig. Cymeriad lliwgar yn trio cadw rheolaeth ar strydoedd Bethlehem noson genedigaeth Iesu Grist. Atgofion bythgofiadwy.

Mae fy nyled yn fawr i Pen, Der, Linda a Mel, ac mi roedd yn braf cael croesawu'r Ysgol i Lundain pan ddaeth bws o'r canolbarth i weld fy sioe gyntaf yn y West End yn 2013. Ers hynny, dwi wedi bod yn ffodus iawn i weithio'n gyson ym myd y theatr ac yn ddiolchgar iawn am y gefnogaeth gyson. Mae cynnig a chynnal ysgol theatr mewn ardal wledig yn sialens, ond yn un bwysig iawn, yn creu profiadau gwerthfawr i ieuenctid yr ardal.

SIONED ELIN CHARTERS

Dwi wir byth wedi anghofio fy amser o fewn Theatr Maldwyn. Roeddwn yn fyfyriwr yn Ysgol y Berwyn a dyma Derec Williams yn dweud fod lle ar gael yn yr Ysgol Theatr. Roedd Derec yn ymwybodol o fy mwriad i fod yn actores er nad oedd Drama yn cael ei gynnig o fewn yr ysgol. Cofio fy nghlyweliad fel ddoe, nid oeddwn yn gallu ymarfer fy nghanu gan fod fy nhiwtor cerdd wedi cael damwain car ar y pryd a fy hyder innau mor isel o ran canu. Beth bynnag, fe ges i fy lle a dyma lle nath fy mreuddwydion ddod yn wir.

Roedd Mel gyda ni ar y pryd yn dysgu dawnsio ac roeddwn i wrth fy modd. Uchafbwynt fy amser yn sicr oedd *Pum Diwrnod o Ryddid*. Doeddwn i ddim yn ddigon da i gael y brif rôl ond mor hapus pan gefais y cyfle i berfformio yn y fath sioe. Er hyn, yn ein perfformiad olaf yn y Bala, ges i'r fraint o fod yn rhan o'r bonedd a cael rhan canu bach unigol. Dwi'n cofio'r wisg grand ac o'r foment honno roeddwn yn teimlo fel perfformwraig, yn teimlo'n ddigon da. Wrth gwrs dilynwyd hyn gyda pherfformiad byw yn Eisteddfod Genedlaethol Meirion a'r Fro yn 2009, a pherfformiadau yn Venue Cymru a Neuadd Dewi Sant yng Nghaerdydd. Cefais rôl ddawnsio fwy ar gyfer y perfformiadau hyn, ac unwaith eto bu'n gyfle bythgofiadwy. Wrth i fy amser ddod i ben yn yr ysgol, roedd angen meddwl am fy ngyrfa. Er imi gael lle i fynychu cwrs Actio yng Ngholeg y Drindod, ni fedrwn fynd, felly mi nes i ddechrau astudio addysg gynradd.

Erbyn hyn dwi'n defnyddio fy sgiliau perfformio fel athrawes ysgol uwchradd ac yn bennaeth ar flwyddyn 7 yn Ysgol Glan Clwyd ac yn ddiweddar gweithiais gyda Steffan Hughes ar ein Carol Nadolig. Dwi'n annog disgyblion i fod yn rhan o grwpiau adrodd ac ymgom o fewn Eisteddfodau ac yn dal i freuddwydio am fod ar y llwyfan. Dwi wir yn colli'r teimlad o berfformio ar lwyfan a ddim yn siwr sut i fynd amdani eto, ond dwi'n siwr y medra i wneud rhywbeth. Mae gen i hogyn bach o'r enw Idris (1 oed), a dwi'n methu aros i'w gyflwyno i ganeuon a sioeau Cwmni Theatr Maldwyn.

ROBERT LEWIS

Fy atgof cyntaf o Ysgol Theatr Maldwyn yw trafaelio i neuadd y Banw yn Llangadfan am wrandawiad i ymuno efo'r Ysgol. Mi gefais fy nerbyn a bûm yn aelod o flwyddyn 7 hyd at flwyddyn 13. Cefais gyfleoedd niferus gwerth chweil i berfformio fel unigolyn ac fel rhan o'r corws mewn cyngherddau a rhaglenni teledu a dwi yn wir ddiolchgar iawn am hyn. Cofiaf yn arbennig am chware'r *baddie* sef y Brenin Herod yn *Gair yn Gnawd*!

Mae'n debyg nad oeddwn yn un o'r rhai hawdda fy nhrin (personoliaeth artistig siwr o fod!) ond dwi'n cofio Linda yn gefnogol iawn bob amser ac yn sefyll fyny drosta i ambell waith! Oherwydd y profiadau perfformio a gefais yn yr Ysgol mi roddodd hwb a magodd hyder i mi fynd i Lundain i astudio Cerdd Glasurol ac, ar ôl graddio, cwblhau cwrs perfformio Opera. Yn anffodus mae'r perfformio wedi dod i ben am y tro i mi ac ambell un arall oherwydd y coronafirws ond gobeithio y cawn ni i gyd berfformio eto cyn bo hir. Diolch Linda, Derec a Penri.

GLAIN RHYS

Dwi'n cofio pan aeth Mam a Dad i fod yn ran o'r sioe gerdd *Ann!* nôl yn Steddfod Meifod yn 2003, dyna'r unig CD wnes i wrando arni am y deg mlynedd nesaf! Felly pan ddaeth y siawns i fi ymuno gyda Ysgol Theatr Maldwyn fe wnes i neidio ar y cyfle. Ac wedi clyweliad llwyddiannus yn adrodd am hanes Gwyndaf y Warden Traffig, dyma fi'n trafaelio bob nos Iau yn ddi-ffael lawr i'r Banw yng nghwmni Sion a Mared – a'r ffasiwn hwyl fydden ni'n cael!! Roedden ni'n cwrdd bob wythnos yng ngarej Cwt Gwyn yn Nolgellau (ac yn prynu digon o fferins i gadw ni fynd!!) ac yn trafaelio'r awr i'r Banw, tra'n trio dysgu'r geiriau i'r gân o'r wythnos flaenorol er mwyn peidio cael stŵr gan Non!! Heblaw am fethu'n lân â gwneud hynny'n ddigon cyflym, ac yn y pen draw cael ambell edrychiad gan Non am beidio dysgu ein gwaith yn ddigon da, neu gael fy ngosod yng nghefn y gwersi dawnsio gyda Mel am fod gen i ddwy droed chwith, fe wnaeth Ysgol Theatr Maldwyn roi profiadau amhrisiadwy i mi. Ges i gwrdd â ffrindiau oes, dysgu sgiliau a fyddai'n dod yn ddefnyddiol iawn i mi, a bod yn rhan o gymuned fydd wastad yn agos iawn at fy nghalon i. Dwi'n ddiolchgar bob dydd mod i wedi cael gweithio gyda thri arwr i mi, Der, Linda a Penri, a byddaf i wastad yn ddyledus i Ysgol Theatr Maldwyn am roi'r dechrau gorau i mi. Erbyn hyn dwi'n dilyn gyrfa fel actores a chantores ar ôl astudio theatr gerdd yn y Coleg Cerdd a Drama yng Nghaerdydd. Fe fues i'n lwcus iawn mai fy swydd gyntaf i oedd cwpl o fisoedd hyfryd allan yng Ngwlad Groeg yn perfformio'r sioe gerdd *The Phantom of the Opera*.

Dwi'n falch iawn cael galw fy hun yn gyn-aelod o Ysgol Theatr Maldwyn!

ANEST EIRUG

Ymunais i gydag Ysgol Theatr Maldwyn pan oeddwn yn cychwyn ym mlwyddyn 10 yn yr ysgol. Roedd mynd unwaith yr wythnos i Ysgol Dyffryn Banw yn rhywbeth yr oeddwn yn edrych ymlaen yn fawr ato, achos roeddwn yn gwybod y byddwn yn cael môr o hwyl gyda ffrindiau oedd i gyd yno am yr un rheswm â mi, sef mwynhau perfformio. Mae'r cyfleoedd a gefais yno yn rhai bythgofiadwy ac rwy'n gwybod y byddant yn aros gyda fi am byth. Llwyddodd Penri, Linda, Jade a Non i'm galluogi i gredu yn fy ngallu i fynegi fy hun yn hyderus a naturiol. Fe ddysgais nifer o wersi pwysig ganddynt am bwysigrwydd cydweithio a dangos parch at y naill a'r llall. Uchafbwynt personol i mi oedd taith *Cadw'r Fflam yn Fyw*. Bu'n brofiad mor hyfryd bod yng nghwmni'r criw hŷn yn ogystal â chriw'r ysgol, ac roedd y wefr o gael cyd-ganu yn

hollol anhygoel a greodd falchder ynof i fod yn rhan o rywbeth mor arbennig. Fe drysoraf yr holl atgofion hyn yn agos iawn at fy nghalon am byth.

LUKE McCALL
(yn y brif rhan yn Les Miserables*)*

Braint ac anrhydedd oedd bod yn rhan o Ysgol Theatr Maldwyn. I fi, fan honno dechreuodd fy siwrne i fod yn berfformiwr proffesiynol. Dechreuais i ddysgu crefft llwyfan o'r funud y cerddais i mewn i'r Ganolfan yng Nglantwymyn. Yn aml iawn, pan fydda i'n cerdded allan ar lwyfan y West End, fydda i'n meddwl am Derec, Penri, Linda a Mel, yn ddiolchgar iawn am y cyfleoedd a gefais tra'n aelod o'r Ysgol. Fydd Theatr Maldwyn yn fy nghalon am weddill fy oes.

RICHARD LEWIS

Fy atgofion i o Ysgol Theatr Maldwyn yw'r perfformio a'r cymdeithasu. Roeddwn flwyddyn yn iau na fy ffrindiau a phan ddaeth yr amser iddyn nhw symud i'r Ysgol hŷn ac ymarfer yng Nglantwymyn, mi ffoniodd Linda Mam ac awgrymu fy mod inne yn ymuno â'r Ysgol hŷn efo nhw – a dyna wnes i. Tra'r oedden ni yn ymarfer buase mam a Gwenan (Jones) neu pwy bynnag oedd yn gyrru yn mynd i Fachynlleth a phrynu treats i ni fwyta a chwmni Catrin Jones yn ein diddanu a gwneud i ni chwerthin ar hyd y ffordd adre!

Cefais ambell gyfle i berfformio yn y prif rannau ac yn y corws mewn sioeau a chyngherddau mewn Theatrau ledled Cymru. Er mai ffarmio yw fy ngwaith o ddydd i ddydd erbyn hyn, dwi yn parhau i ganu a pherfformio – mae'n debyg fod effaith a dylanwad Ysgol Theatr Maldwyn arna i o hyd! Diolch yn fawr am y profiadau gwych.

BRANWEN HAF WILLIAMS

Nid ystrydeb ydi i mi ddeud "fyddwn i ddim yn fi heb Gwmni Theatr Maldwyn". Deud y gwir, fyswn i ddim yn bodoli o gwbwl, gan mai yn ymarferion *Y Cylch* y bu i Mam a Dad gyfarfod a dechrau canlyn. Fe ddes i i'r byd yng Ngorffennaf 1986 a phum diwrnod wedi hynny, dyfalwch ble roedd Dad – yn ei chanol hi yn ymarferion *Y Llew a'r Ddraig*!

Yn syml, dydw i'n gwybod dim byd arall ond Cwmni Theatr Maldwyn. Caneuon y sioeau oedd fy hwiangerddi, theatrau Cymru oedd y llefydd perffaith i chwarae cuddio a'r props (yn enwedig y gwaed ffug) oedd y teganau gorau.

Wrth i mi fynd yn hŷn, dw i'n sylweddoli fwyfwy fod y Cwmni yn rhan o fy nghynhysgaeth a does dim dwywaith mai dotio ar ddoniau Linda wnaeth i fi eisiau chwarae'r piano mewn bandiau ac arwain corau. Ond mae hwn yn fwy na chwmni theatrig. Mae fel perthyn i lwyth sy'n rhannu gwefr perfformio, ond sydd hefyd wedi rhannu profiadau mawr bywyd; y priodasau, y genedigaethau a'r colledion. Ar hyd y degawdau, mae'r llwyth yma wedi cyd-chwerthin a chyd-grïo, wedi dangos i mi beth ydi gwir ystyr cydweithio ac yn gadael gwaddol fydd yn parhau i dasgu i bob cyfeiriad am amser hir eto.

DYLAN PENRI

Cerddoriaeth fy magwraeth oedd Cwmni Theatr Maldwyn a dwi'n cofio'n glir eistedd rhwng y piano a'r drymiau yn gwylio'r teulu

yn un uned glos yn y penwythnose ymarfer hynny a gawson ni ym Mrynllywarch. O hynny ymlaen teyrngarwch a ffyddlondeb, fel y pwysleisiai Penri, oedd ein harwyddair. Y cof sydd gen i o'r perfformiad llwyfan oedd cymryd cam yn ôl mewn syndod ar ddiwedd y rhan gynta' wrth i'r gynulleidfa, fel un, godi i'n cymeradwyo. Am hwyl gawson fel Cwmni dros y blynyddoedd – yn enwedig ar y teithie o amgylch Cymru – o Gaernarfon i Grymych i Gaerdydd, o Landudno i Lanelli, o Harlech i Hafren i enwi rhai lleoliade. Ond cartre' ysbrydol y Cwmni ydi Theatr Hafren, ynghanol mwynder Maldwyn, ynghanol ein pobl ein hunen. Do, bu'r *Mab Darogan* yn sylfaen i'r Cwmni a ddatblygodd dros y blynyddoedd. Bu iddo Gymreigio cenedlaethe o ieuenctid Maldwyn a rhoi iddyn nhw lwyfan i fwynhau drwy'r Gymraeg. Rhoddodd y Cwmni hefyd gyfle i nifer o berfformwyr unigol ddatblygu i ddilyn gyrfaoedd proffesiynol yn y byd cerddorol. Bu'n fraint i fi dros y blynyddoedd gael canu yn y corws i gefnogi'r gwahanol artistied y byddai unrhyw genedl yn falch o'u harddel. Diolch Meurwyn, Derec, Penri a Linda.

OSIAN HUW WILLIAMS

Mae gen i ryw frith gof o'r sioe *Heledd* nôl yn 1993 er mai dim ond tair oed o'n i. Mae'n siwr ei bod hi'n anodd iawn anghofio cael rhedeg o gwmpas theatrau mwyaf Cymru, o gefn llwyfan i'r bocs goleuadau yn y nenfwd, a tua cant o bobl ddiarth, hynod glên yno yn gwarchod.

Ymlaen i *Er Mwyn Yfory* wedyn yn 1997 lle dwi'n cofio pob dim. Erbyn hyn roedd y drymiau a'r gitâr wedi cael y gorau ohona'i, felly roedd y band yn cael mwy o sylw na'r sioe gan amlaf. Ym mhob perfformiad roeddwn yn dewis eistedd yn y seddi rhad, uchel ar ochrau'r theatr er mwyn gallu gweld i mewn i'r *pit* lle roedd y band yn chwarae. Y seti yma fyddai'r rhai olaf i'w gwerthu felly o'n i'n cael llonydd i fwyta fferins a dynwared y drymiwr ar silff y galeri – er anaml iawn y byddai yna sedd wag yn y theatr pan oedd Cwmni Theatr Maldwyn *in town*!

Yn ystod y sioeau yma dyma fi'n profi gwir bŵer theatr am y tro cyntaf. Mae 'na gymaint o *buzz* wrth weld pob sêt yn llenwi yn ara deg, yn debyg iawn i'r teimlad o fod mewn gêm bêl-droed Cymru, ac unwaith ma'r lle yn llawn, ti'n gwybod ei bod hi'n mynd i fod yn noson i'w chofio. Wedyn clywed pawb yn tawelu a'r côr o dros gant o bobl yn dy daro di fel wal frics ar y gân gynta'. Y ffordd o'n i'n mesur os oedd y sioe wedi bod yn un llwyddiannus neu ddim oedd os o'n i wedi crio ar ddiwedd y gân 'Geiriau Gwag'. Pan oedd y cast ar eu gorau a'r gynulleidfa yn amlwg ar dy ochr di roedd hi'n anodd iawn peidio cael dy ysgwyd. Roedd Dad yn dod ata'i ar ôl pob sioe a gofyn, "Nest ti grio?" "Do." "O dyna ni felly, mi oedd hi'n sioe dda."

Yn 2004 dyma fi'n cychwyn drymio i Ysgol Theatr Maldwyn. Dyma agor y drws i gannoedd o ffrindiau newydd a phrofiadau amhrisiadwy drwy gael chwarae mewn sioeau proffesiynol ledled Cymru. Y peth gorau am fod yn rhan o'r band ydi cael chwarae hefo Linda sydd ar y piano. Alla'i ddim disgrifio pa mor dalentog ydi hi fel cyfansoddwraig a phianydd, a'r ffordd mae hi'n gallu cyfeilio, ynganu'r geiriau i'r unawdwyr, arwain y côr hefo pa bynnag law sy'n rhydd ac arwain y band hefo'i phen i gyd 'run pryd!

Mae colli Dad yn rhywbeth sy'n dal i effeithio arna'i hyd heddiw, ond pan dwi'n teimlo'n isel, yr unig beth dwi angen ydi chwarae unrhyw gân CThM yn rhy uchel yn y car a mae o fatha therapi i fi. Dwi'n teimlo mod i wedi cael fy sbwylio'n racs hefo'r holl ffrindiau a phrofiadau dwi wedi gael drwy'r cwmni ac mae hi'n anodd coelio faint o bobl sy'n dal i ddod ata'i i siarad am ryw sioe neu am Dad. Y peth arbennig am y cwmni ydi ei fod yn rhoi cyfle i bobl 'gyffredin' fod ar lwyfan, a does ne neb, o'r cyfarwyddwyr i'r 'baswr allan o diwn yn y cefn' yn fwy pwysig na'i gilydd. Arwyddair y cwmni ydi

'prydlondeb a ffyddlondeb' a mae hyn wastad yn nghefn fy meddwl i o ddydd i ddydd.

Ond be' sy'n dal i'n synnu i ydi – sut bod 'na ddyn ifanc o Amlwch (o bob man!) wedi cwrdd â dyn ifanc o Lanrhaeadr ym Mochnant (a hynny yn Llanidloes), y ddau wedi penderfynu cychwyn cynhyrchu sioeau cerdd heb ddim profiad, cwrdd ag un o gyfansoddwyr ifanc gorau Cymru oedd newydd ddod allan o'r brifysgol ac yn fwy na dim... wedi llwyddo?! Duw a ŵyr, ond dwi mor falch eu bod nhw wedi.

ARFON WILLIAMS

Mis Medi 2014 oedd y tro cyntaf imi ymuno efo Cwmni Theatr Maldwyn, er fy mod wedi bod yn rhan o'i chwaer gwmni, Cwmni Theatr Meirion, ar gyfer *Mela* yn 1994 ac *Er Mwyn Yfory* yn 1997. Yn dilyn marwolaeth gynamserol a hynod drist Derec Williams teimlwn reidrwydd a dyletswydd ymuno â'r cwmni wrth lwyfannu *Gwydion*. Teyrnged i'w gyfraniad nodedig o oedd y perfformiad, ac roedd Derec wedi bod yn gymaint o ddylanwad arna i yn bersonol.

Ymhen ychydig o fisoedd o ymarferion daeth yr amser i gynnal clyweliadau ar gyfer y rhannau unigol. Rhoddais ymgais arni yn y gobaith efallai o gael rhan fechan er mwyn ennill profiad gwerthfawr o bortreadu cymeriad yn y sioe, ac felly dychmygwch y sioc a gefais pan hysbyswyd fy mod wedi fy newis i chwarae rhan Gwydion ei hun!

Bu'n fisoedd prysur wedyn yn ceisio ymdopi â dysgu'r rhan. Roedd yr ymarferion yn rhai dwys i geisio gwneud cyfiawnhad â'r cymeriad llawn hud a lledrith, a cherddoriaeth arbennig Gareth Glyn yn reit heriol, ynghyd â'r elfennau theatrig blaengar – dipyn o gawdel i ffarmwr dibrofiad o Gwmtirmynach!

Teimlaf mor ffodus o fod wedi cael cyfle i fod yn rhan o'r cwmni arbennig yma sydd wedi cynnig cyfleoedd a phrofiadau sydd wedi cyfoethogi bywydau cannoedd o ieuenctid ar hyd y blynyddoedd, ac mae'r diolch pennaf felly i dri athrylith sydd wedi ein harwain ar hyd y daith honno.

MARED JONES

Anodd credu ei bod bellach yn dair blynedd ers i mi adael yr Ysgol Theatr a dechrau ym Mangor. Dwi bellach yn fy nhrydedd flwyddyn yn astudio'r Gymraeg ac yn gobeithio mynd ymlaen i astudio MA, a chwblhau ymarfer dysgu uwchradd wedyn.

Roedd cael dod i'r Ysgol bob nos lau wir yn uchafbwynt fy wythnos, bob wythnos, trwy gydol fy amser fel aelod. Hyd yn oed yn ystod cyfnodau anodd fel TGAU a Lefel A, roedd nos lau yn gyfle i gael *switch off* a mwynhau bod yn greadigol.

Y cynhyrchiad cyntaf a wnaethom pan ddes i'n aelod yn 2011 oedd *Gair yn Gnawd*, ac er fy mod yn dal i gofio'r rhan fwyaf o'r caneuon, y peth mwyaf sy'n aros yn y cof ydi gweld pawb yn pasio allan fesul un mewn perfformiad, a Der yn rhedeg i ddal Ifan Rhys cyn iddo gwympo ar ben pawb o'i flaen!

Fe wnes i fwynhau cymryd rhan yn yr holl gynyrchiadau a wnaethom fel ysgol yn fy nghyfnod, ond *Er Mwyn Yfory* a *Mela* oedd y sioeau y gwnes i fwynhau fwyaf. Y gyntaf am ei bod mor adnabyddus, a ninnau yn cael ei pherfformio a dysgu'r hanes, a'r ail am fy mod wedi cael rhan am y tro cyntaf, a'r stori yn berffaith ar gyfer pobl ifanc. Roedd ymarferion ar y Sul ar gyfer pob cynhyrchiad wastad yn llawn hwyl hefyd, er ei bod hi'n ddiwrnod hir. Ond byddai pawb yn cadw ysbryd ei gilydd i fynd, a'r sioe yn dod yn fyw o flaen eich llygaid.

Un peth dwi wir yn ei golli ers gadael (ac yn y cyfnod yma) ydi'r wefr a'r *buzz* o fod ar lwyfan, a derbyn y gymeradwyaeth ar ddiwedd sioe yn gwybod eich bod wedi rhoi cant y cant. Mi ges i gyfleoedd i berfformio ar nifer o lwyfannau Cymru fel Theatr Hafren a Felinfach, cyfleoedd yn sicr na fuaswn wedi cael fel arall.

Dwi mor ddiolchgar i Linda, Derec, Non a Penri am yr holl gyfleoedd a gwersi ges i fel aelod. Ond dwi'n ddiolchgar fwy na dim am y ffrindiau a wnes yn ystod fy nghyfnod. Dwi'n cofio siarad efo Arwyn Tŷ Isa', yn Steddfod Powys Llanfair, ac yntau yn gofyn a oeddwn i'n dal i fod yn aelod a finnau'n dweud fy mod i. A'i ateb o oedd: "Da lodes, mi nei di ffrindie yn fanno, fydd yn ffrindie oes i ti." Ac mae hynny wedi bod yn berffaith wir i mi.

ELFED ap GOMER

Argraffiadau Bas (h.y. nid dwfn!). Os cofia i'n iawn, Derec ofynnodd i mi a fyddwn i'n hoffi chwarae bas yn y band fyddai'n cyfeilio i sioe nesa'r Cwmni. Y sioe honno oedd *Y Llew a'r Ddraig*. Rhoddodd Derec dâp o'r *Cylch* i mi gael blas o naws caneuon Linda, Pen a Der, ac mi ges i dipyn o *inside info* gan Elwyn Tyddyn Du, oedd yn rhan o'r cast. Mentro wnes i, a dyna un o'r penderfyniadau gorau a wnes erioed.

Agorodd hynny'r drws ar gael bod yn aelod o gymuned gynnes a chlos, ac – o, mor dalentog. Cefais y fraint a'r pleser o gyd-chwarae ag enwogion megis Charli Britton ac Osian Candelas, heb sôn am y 'glud' hollol arbennig, sef Linda. Bu raid i mi godi fy ngêm fwy nag unwaith, gan ddysgu chwarae mewn

cyweirnodau 'fflat' (yntê, Linda?) ac ymrafael ag *arpeggios* Gareth Glyn yn *Gwydion*. Fel mewn cymaint o feysydd, os oes rhywbeth i'w ddysgu o'r newydd neu bod her wahanol yn eich wynebu, dyna sy'n cyfoethogi profiadau ac yn peri fod rhywun yn dod yn ôl am chwaneg.

Cefais deithio Cymru benbaladr; mewn bws hefo'r criw, yn Escort coch Siôn Llewelyn adeg taith *Pum Diwrnod o Ryddid*, yn yr hen Merc gwyn hefo Der; a chael cyfle i chwarae mewn llu o theatrau a neuaddau hollol hudol, er doedd pob theatr ddim bob amser yn 'hudol' i ni'r band, chwaith. Ambell waith byddem wedi'n stwffio i gilfachau tywyll ochr y llwyfan, heb le i symud a symbal y drymiau wrth fy nghlust. Ceid anawsterau clywed weithiau, wrth i'r cyflenwad sain i'r offerynwyr, yn speaker neu'n cans, beidio â gweithio. Ond, ar adegau eraill, byddai'r band mewn pit pwrpasol o flaen y llwyfan, gyda digon o le. Roedd gen i gyfrifoldeb dwbl yn y sioe *Heledd*, gan chwarae'r bas a'r drymiau – nid ar yr un pryd, wrth gwrs!

Profiadau difyr eraill oedd recordio'r sioeau mewn llefydd fel Aelwyd yr Urdd, Caerdydd, Pafiliwn Eisteddfod Llangollen, yn ogystal â Stiwdio Sain. Roedd cael ymddangos ar lwyfannau'r Genedlaethol bob amser yn wefr, a phob amser yn addysgiadol. Yn aml iawn, dydy'r band ddim yn medru gweld na gwerthfawrogi'r gwrhydri a'r perfformiadau gwych sy'n digwydd ar y llwyfan gan ein bod yn canolbwyntio ar y cyfeilio. Felly, mae'n braf medru gwylio'r sioe ar y teledu wedyn a rhannu golwg y gynulleidfa ohoni.

Rhaid dweud fod y profiad o wybod fod y band yn dynn, y cyfeiliant a'r canu'n cydblethu'n berffaith, a'r gynulleidfa'n ymateb i hynny ar ddiwedd cân neu berfformiad, fel cyffur – meddan nhw i mi. Mae rhywun eisiau mwy! Bûm yn hynod ffodus i gael y 'mwy' hwnnw dros y blynyddoedd, ac mae fy niolch yn fawr i Linda, Pen, y diweddar annwyl Der, a phawb fu'n cyd-gyfeilio hefo mi. Halen y ddaear bob un.

SARA MEREDYDD

Atgofion o Gwmni Theatr Maldwyn … lle i gychwyn? Mae'n siwr mae'r atgof cyntaf sydd gen i yw gwrando ar dâp *Y Mab Darogan* yn y garafán pan oeddwn yn bump oed. Dwi'n cofio bod mewn sach gysgu gwyrdd ac yn gwasgu "fforwad" jyst cyn i'r sgrech gyrraedd; y sgrech iasol yna pan oedd Marged yn sylweddoli bod ei mab Gruffudd wedi marw. Hyn, i mi, oedd cychwyn fy nhaith gyda Chwmni Theatr Maldwyn; gwylio sioeau droeon mewn theatrau, gwrando ar y caneuon ar dapiau, dysgu pob gair, dynwared

yr unawdwyr (o'n i'n dda iawn am 'neud hynna!) … a hyn i gyd cyn i mi hyd yn oed fod yn aelod o'r Cwmni arbennig yma. Mae'r atgofion sydd gennyf yn niferus … y gwmnïaeth, yr hwyl, y tynnu coes a'r chwerthin diddiwedd. Yn fwy na dim, dwi'n cofio meddwl na fyddai gennyf obaith caneri o gael rhan, heb sôn am y brif ran! Yn sicr, roedd cael y brif ran yn sioe *Heledd* yn dipyn o fraint. Cael cyd-berfformio efo'r rhai a oedd wedi bod yn arwyr i mi ers dyddiau *Pum Diwrnod o Ryddid*, cael mynd i ddysgu caneuon anthemig mewn sied fach yng ngardd Linda yn Dolanog a derbyn cyfarwyddyd ac arweiniad manwl gan y "partnyrs in craim", Derec a Penri.

Roedd taith *Ann!* yn dipyn o sioe hefyd … ac yn dipyn o barti!!! Mae'n bwysig cael dathlu ar ôl perfformiad a doedd noson agoriadol *Ann!* yn Meifod yn ddim gwahanol. Yn dilyn y perfformiad, roedd Linda ar y piano, fel yr arferai fod, pawb yn cymryd ei dro i ganu clasuron y cwmni a phawb yn ymuno yn un corws mawr. Roedd gwledd o ganu i gael bob tro a'r gwin (yn fy achos i, beth bynnag) yn llifo. Roedd Derec yn cael ei urddo fel aelod o'r Orsedd y bore canlynol ac felly doedd yna ddim noson fawr i fod iddo fo! Aeth ein parti ni ymlaen am oriau wrth gwrs … a pharhau wedyn yn y garafán tan berfeddion y bore. Mae gen i ryw frith gof o ganu "Cysga

Mhlentyn" dro ar ôl tro a rhyw lais yn dod o garafán arall, "Di'r babi yna ddim yn cysgu eto?" Beth bynnag, parhau i ganu wnaethon ni – os mai canu fyddech chi'n ei alw erbyn hynny! Y bore ddaeth, a 'run ohonon ni wedi bod yn agos i'n gwlâu. A phwy oedd yn cerdded tuag at y garafán ond Derec ar ei ffordd i gael ei urddo! Roedden ni'n barod am ein gwlâu erbyn hyn a dwi'n amau 'falle fod ein canu aflafar ni wedi cadw yr hen Derec ar ddeffro cyn ei ddiwrnod mawr…

HANNAH ROBERTS

Fel cyn-ddisgybl o Ysgol Gynradd Hafren roeddwn i'n ffodus iawn i gael tyfu fyny o dan arweiniad Penri, neu Mr Roberts i mi. Roeddwn i'n gwybod o oed ifanc bod Penri a Linda yn bobl hynod o dalentog ar ôl bod yn rhan o nifer o'u caneuon actol a'u gwersi cerddoriaeth, felly pan glywais i fod y triawd enwog am gychwyn Ysgol Theatr Maldwyn yn y flwyddyn 2004 roeddwn i'n gwybod ei fod o'n gyfle arbennig a doedd dim angen meddwl dwywaith am ymuno. Roedd diddordeb mawr gen i mewn canu a dawnsio o oed ifanc ar ôl bod yn rhan o nifer o gorau a phartïon dawnsio, felly dwi'n cofio teimlo'n hynod o gyffrous mod i am gael cyfle i berfformio ar lwyfan y tu allan i'r ysgol hefyd.

Dwi wedi bod yn ddigon ffodus i gymryd rhan mewn nifer o sioeau anhygoel Ysgol Theatr Maldwyn ac, yn hwyrach, y Cwmni, o'r gyntaf yn y flwyddyn 2004, *Tri Dau Un* hyd at *Cynnal y Fflam* yn 2018. Dwi'n lwcus i gael nifer o atgofion melys o'n amser i yn y cwmni ond mae cwpwl ohonynt yn dal lle arbennig yn fy meddwl. Yn y flwyddyn 2007 cymerais ran yn un o'n hoff sioeau, *Llwybr Efnisien* fel un o'r pedwar aderyn. Roedd y coreograffi a'r dawnsio yn y sioe yma yn anhygoel. Tyfodd fy nghariad i at ddawnsio yn ystod y cyfnod yma ac mae diolch mawr i Mel am hynny. Yn 2018 ges i'r cyfle i ganu'n unigol yn y sioe *Cynnal y Fflam*. Oni bai am un neu ddwy alaw werin a chanu mewn sioe adloniant ffermwyr ifanc doeddwn i erioed wedi cael yr hyder i ganu ar ben fy hun ond pan gefais i'r cyfle i wneud clyweliad mewn ymarfer ar un nos Fawrth meddyliais "pam ddim?" Ar ôl hynny gofynnodd Penri i mi ganu "Cân Branwen" o *Llwybr Efnisien* ac yn 26 oed canais fy unawd cyntaf yn y cwmni. Roedd hyn yn brofiad bythgofiadwy, yn enwedig gan fy mod i wedi bod yn rhan o'r sioe wreiddiol. Ar ôl gadael Ysgol Uwchradd Caereinion yn y flwyddyn 2009 es i i Brifysgol Bangor i astudio Bydwreigiaeth. Cychwynnais i fy swydd gyntaf fel bydwraig yn Ysbyty Maelor Wrecsam yn 2012 ac erbyn hyn dwi'n brif weinyddes/cydlynydd shifft ar y ward esgor.

Does dim amheuaeth bod fy mhrofiadau yn Ysgol Theatr Maldwyn wedi cyfrannu at adeiladu fy hunan-hyder i helpu tuag at fy swydd bresennol. Dwi mor ddiolchgar i Penri, Linda, y diweddar Derec, a Mel am yr holl brofiadau dwi wedi'u cael wrth fod yn rhan o Gwmni Theatr Maldwyn ac yn gwerthfawrogi'n fawr eu cyfeillgarwch a'u cefnogaeth y tu allan i'r cwmni hefyd.

RHODRI PRYS JONES

Wel ble dwi'n dechre dwedwch?

Mae'r Ysgol wedi bod yn rhan fawr iawn o fy mywyd, ac wedi fy rhoi i ar y trywydd sydd wedi dechrau fy ngyrfa yn y byd perfformio. Perfformio sioeau megis *Crib, Siswrn a Rasel, Llwybr Efnisien, Mela, Pum Diwrnod o Ryddid* a *Gwydion*.

Does 'na ddim llawer o lefydd yn y wlad sydd yn rhoi'r cyfle i chi ddysgu sgiliau canu, actio a dawns, ac yna'r cyfle i berfformio o flaen cannoedd o bobl. Dwi'n cofio mwynhau yr ymarferion bob wythnos, gyda sesiynau dawnsio Mel, actio efo Derec a Penri ac yna canu efo Linda, Marian a Non.

Roedd hefyd yn gyfle gwych i gymdeithasu gyda phobl ifanc eraill Sir Drefaldwyn – efallai na fuaswn wedi cwrdd â nhw fel arall. Mae nifer fawr ohonynt dal yn ffrindiau agos hyd heddiw.

Dwi wedi bod yn lwcus iawn i fedru perfformio mewn theatrau ledled y wlad gyda'r cwmni, o'r Drenewydd i'r Bala, Aberystwyth, Harlech, Felinfach, Rhyl, heb sôn am y cyngherddau di-ri wnaethom dros fy nghyfnod gyda'r cwmni.

Y foment orau sydd yn aros yn y cof oedd perfformio'r sioe *Gwydion* yn Eisteddfod Maldwyn a'r Gororau yn 2015. Ers hyn, dwi wedi graddio o Goleg Cerdd a Drama y Guildhall yn Llundain, a hefyd o Goleg Cerdd a Drama Cymru yng Nghaerdydd, gydag astudiaethau Opera. Dwi wedi perfformio gyda Chwmni Opera Cenedlaethol Cymru, Opera North a Longborough Festival Opera. Dwi wedi cael perfformio yn y Royal Albert Hall, y Royal Opera House, Eisteddfod Llangollen ac yng Nghanolfan y Mileniwm. Dwi'n methu dweud faint mor ddiolchgar ydw i i Penri, Linda, Derec, Non, Mel a Marian am y cyfleoedd a'r ysbrydoliaeth dros y blynyddoedd. A'r sgiliau sydd wedi fy ngwneud i pwy ydw i heddiw.

ARWEL A MANON JONES

Den ni'n dau yn ddyledus iawn i Ysgol Theatr Maldwyn a'r cwmni ei hun. Mae'r Cwmni wedi bod yn rhan annatod o'n bywyde ni'n dau.

Diolch i'r Cwmni am fodolaeth Arwel a'i chwaer Sioned, gan mai dyna lle y cyfarfu Ann a Hywel Jones, a dyma Manon a finnau'n cyfarfod ein gilydd trwy'r cwmni hefyd!

Den ni'n dau'n cyfrif ein hunain yn lwcus cael dweud ein bod ni wedi graddio o Ysgol Theatr Maldwyn ac wedi cael cyfleon di-ri gyda'r Cwmni ei hun. Yr uchafbwynt wrth gwrs oedd cael bod yn rhan o'r sioe *Gwydion* ym Meifod – braint ac anrhydedd. Yn enwedig gan fod chwaer a mam Manon yn rhan o'r cast hefyd.

Atgof chwerw-felys o amser Arwel yn rhan o'r ysgol yw perfformiad ola taith *Pum Diwrnod o Ryddid* yn y Bala 2009. Roedd dyddiad y sioe fel mae'n digwydd wedi cwmpo ar ddwrnod ffeinal cwpan Ysgolion Cymru gyda Arwel a Steffan Harri yn rhan o'r tîm. Gyda cryn berswâd mi wnaeth Penri, Lynda a Derec gytuno 'bo ni'n cael chware ar yr amod ein bod ni ddim am weiddi yn ystod y gêm a'n bod ni nôl mewn da bryd erbyn y sioe! Grêt!! Y diwrnod mawr yn cyrraedd, ac ennill Cwpan Cymru oedd ein hanes. Arwel a Steffan wrth eu bodde yn rhedeg mewn i neuadd y Bala yn wên o glust i glust – buan iawn y trodd y wên wrth i Penri, Lynda a Derec sylweddoli bod cryn dipyn o weiddi wedi bod a fawr o leisiau gan Arwel a Steffan ar ôl!! Ordors i fynd yn syth i'r stafell newid ac aros yna (yn ddistaw) tan y sioe!! Dim y tro cyntaf i

Arwel a Steffan fod mewn trwbwl! Trwy lwc parodd ein lleisie ni'n dau a mawr ryddhad oedd cyrraedd pennill ola "Muriau Moel" y noson honno! Anodd peidio â bloeddio canu gyda breichiau Derec fel melin wynt yng nghefn y neuadd yn annog bloeddio canu!

Mae gennym ni'n dau ffrindiau oes o'r ysgol a'r cwmni. A dyna lle y cyfarfuon ni flynyddoedd maith yn ôl (teimlo felly beth bynnag!). Dwi'm yn siwr os ydy Arwel yr un mor ddiolchgar i'r cwmni â fi am hynny cofiwch! [Manon] Mae gennym ni lwyth o atgofion. Ond yr atgof sydd yn aros yn fy nghof i yw pan oedden ni'n ymarfer y cyngerdd ar gyfer Eisteddfod y Bala 2009. Ar ôl pob ymarfer, roedden ni i gyd yn mynd i'r Plas Coch i gael cymdeithasu. Yr adeg honno, Mam a Dad [Aled ac Edwina Plas Coch!] oedd yn ei redeg. Ac felly dyma'r ymarfer olaf yn y pafiliwn, a chafodd Mam a Dad ddod i'r ymarfer. Wel, cawson nhw eu trin fel Brenin a Brenhines, a bwrdd wedi'w osod â photel o Champagne iddyn nhw'u dau! Yr eiliad honno, deimles i'r balchder mwyaf o fod yn rhan o'r cwmni, a'n bod ni i gyd yn un teulu mawr, dim ots beth oedd eich rôl chi hefo'r cwmni.

MARGARET LEWIS

Dyma rai o grysau chwys y Cwmni dros y blynyddoedd, ynghyd â mŵg o'r sioe *Ann!*